天猫、淘宝
运营一本通

手把手教你打造爆款

张恒 庞东 周宣／著

图书在版编目（CIP）数据

天猫、淘宝运营一本通：手把手教你打造爆款 / 张恒，庞东，周宣著. —北京：企业管理出版社，2017.1
ISBN 978-7-5164-1461-3

Ⅰ. ①天… Ⅱ. ①张… ②庞… ③周… Ⅲ. ①电子商务－商业经营－基本知识－中国 Ⅳ. ①F724.6

中国版本图书馆CIP数据核字（2017）第016068号

书　　名：	天猫、淘宝运营一本通：手把手教你打造爆款
作　　者：	张恒　庞东　周宣
责任编辑：	陈静
书　　号：	ISBN 978-7-5164-1461-3
出版发行：	企业管理出版社
地　　址：	北京市海淀区紫竹院南路17号　　邮编：100048
网　　址：	http://www.emph.cn
电　　话：	总编室（010）68701719　发行部（010）68701816　编辑部（010）68701661
电子信箱：	78982468@qq.com
印　　刷：	三河市金泰源印务有限公司
经　　销：	新华书店
规　　格：	165毫米×235毫米　16开本　15.25印张　173千字
版　　次：	2017年1月第1版　2017年3月第1次印刷
定　　价：	39.80元

版权所有　翻印必究　·　印装有误　负责调换

序言

爆款，简单到极致的魅力

不管是线上还是线下品牌，在经营时都会常常提到一个词——爆款。只要是经营企业，似乎没有人不想打造爆款。哪怕是对经营没有太多理念的人也知道，爆款就意味着火爆，火爆就等于卖得多，卖得多就能获得利润。即便只是这种表面上的好处，也足以吸引人们关注"爆款"了，更不要说爆款对企业整个品牌以及其他产品带来的深层影响。

所以，我们要立足电商平台，做淘宝、天猫等店铺，就应该关注爆款。拥有一款爆款产品，不仅仅意味着你可以在短期内赚钱，更意味着你可以更迅速地建立起自己的品牌，你的企业将因而能真正站稳脚跟。刚进入市场的企业要做爆款，已经有一定规模的企业也要做，爆款的魅力无处不在。

然而，你真的明白什么是爆款吗？就算了解爆款并可以将已有的爆款特点分析得头头是道，你又能否打造自己的爆款呢？爆款人人都想做，但它却不是人人都做得出来的，而我们要做的就是教给你推出爆款的方法，让你也能深谙爆款之道。

要想做爆款，你先要明白爆款是什么，爆款思维又是什么。仅仅明白前者是不够的，只有了解爆款思维，学会用爆款思维思考，你才能培养出能力，这种能力就是独特的思考方式。

然后，你要去学习做爆款的原则和要点。所有的爆款都有共通的地方，这就是做爆款的原则，只有把这些原则把握好，并在做产品的时候一直坚持，才不容易出现偏移。要知道，不是所有满足爆款原则的产品都能成为爆款，但如果你的产品不符合原则，是一定不能成为爆款的。

以上是本书在第一篇中为大家介绍的内容。掌握了爆款的思维和做爆款的原则和要点，你才能真正切实地从脉络上理解爆款到底要怎么做。接着，我们就可以在实践中贯彻爆款的原则与理念，针对自己所在的平台来进行经营。

本书的第二篇重点针对淘宝、天猫的经营模式，提供了一些做爆款的实际指导。在开始走爆款之路时，难免会因为平台的复杂而遇到一些问题，此时这些实际的指导就能发挥作用了，相信你一定可以从中找到自己要选择的发展策略。

最后，我们还可以从别人的经营经验中汲取信息、启发自己，以他人的成功为镜照出自己要发展的路线，可以让我们少走弯路，在通向成功的阶梯上向前一步，这也是本书第三篇的主要内容——爆款案例。

所以你还在等什么，想了解如何做爆款、如何运营淘宝店铺吗？那就赶紧翻开这本书看看吧！

目录

第一篇 爆款思维

第一章 不是卖得多就能叫爆款

大单品的时代 // 004

什么才是互联网爆款的本质 // 008

一件淘宝爆款能为我们带来什么 // 011

电商要用爆款思维去打造产品 // 014

第二章 爆款思维等于为顾客定制服务

让雷军告诉你，什么才叫爆款思维 // 020

第三章 做爆款，并不是无规可循

把握所选择产品的生命周期 // 032

抓住产品中的"杀手级应用" // 035

运营爆款，就要打好网店的流量之战 // 039

传统企业"信任状"PK互联网时代"价值锚" // 043

打造价值锚要分三步走 // 046

第四章 做产品，要找痛点、挠痒点

什么才是产品的"痛点" // 050

电商买家的"痛点"怎么找 // 053

从小米手环看，如何才能击中"痛点" // 056

第五章　将产品做到让用户尖叫

没有品质的营销做不出爆款 // 066

第六章　做产品，注重用户参与感很重要

提高你的产品的用户黏性 // 078

第二篇　打造爆款

第七章　做爆款，注重选品和产品设计

引爆产品的前提是选对产品 // 092

做新主流的产品，在淘宝的红海中寻找蓝海 // 102

完美产品应该有三个特质 // 105

电商营销，需要做到差异化 // 107

第八章　定位淘宝爆款，应该如何定价

淘宝定价的基础——心理定价策略 // 112

不要把"低价"当作网店竞争的唯一手段 // 115

关注用户的"价格敏感度"很重要 // 118

确定价格，需要分三步走 // 122

第九章　掌握"三大法宝"，轻松做成皇冠店铺

法宝一：利用好淘宝"直通车" // 126

法宝二：让你的产品更容易被搜索到 // 136

法宝三：打好广告战，运营"淘宝客" // 144

第十章　电商经营，应该有怎样的销售流程

寻找一手货源，找到靠谱渠道 // 152

怎样规划合适的网上销售渠道 // 155

选择良心物流，分分钟减少差评 // 158

处理售后问题，也有秘诀 // 161

培训好客服人员，有效提高成交率 // 164

第十一章　从零开始，打造粉丝信仰

新时代的粉丝经济 // 168

一个好 LOGO，打造你的品牌符号 // 171

让你的品牌拥有个性的代言人 // 174

一个传奇 or "敌人"，让路人变身粉丝 // 177

让你的产品充满"仪式感" // 179

第三篇　爆款案例

案例 1：三只松鼠，天猫店铺中的黑马杀手 // 184

案例 2：苹果，经典的产品链才是王道 // 199

案例 3：步步高学习机，从鸡肋到不可取代 // 206

案例 4：鲜誉极参，从 0 到 1 的逆袭 // 209

案例 5：YOHO，无法山寨的潮人社区 // 212

案例 6：大疆，无人机中的战斗机 // 216

案例 7：优衣库的快销神话 // 219

案例 8：大众点评，从团购到闪惠 // 223

案例 9：九阳电饭煲，全民"晒胆" // 226

案例 10：西贝莜面，一碗舌尖上的面条 // 229

第一篇 爆款思维

第一章

不是卖得多就能叫爆款

大单品的时代

爆款是什么？爆款的本质，首先应该是大单品。我们在想打造爆款之前，就应该集中精力打造出一个完美的、典型的、代表品牌的大单品。

你可能会问什么是大单品，简单来说，就是你所生产的产品中最好的、销售量最高的那些产品。这样的产品如果能打造成为经典，就可以成为品牌的代名词，让人一看到产品就想起你的品牌，这样它就盘活了整个企业。所以，大单品就是整个企业立足的根本。我们想打造出一个爆款，就一定要有一极为锐利、受众广泛而且十分经典，难以被模仿和超越的单品，只有这样，我们才能从大量电商中脱颖而出。

我们要打造什么样的大单品呢？举个简单的例子，作为奢侈品牌的香奈儿，每年都会推出大量的、独具特色的箱包，然而销售最久、最具有品牌特色的永远是简单的经典款。品牌甚至打出了这样的口号——"每个女人都应该拥有一个香奈儿经典款"，可见它的受众之广，而这就是香奈儿品牌的大单品。一个品牌，如果不能从战略上规划出可以长久支撑的大单品，是很难做到稳定发展的。所以我们要打造的大单品，性质特点非常简单——要与众不同，要具有品牌特色，要简约而不简单。

定位于电商的店铺或企业，在起步时就要有大单品战略的概念，要做到一点，就是做到"专一"。专一地打造一个相对于同类产品更加优质、更符合顾客期待的产品，这比每季推出数十个新品都更加正确。

然而事实上，很多品牌在起步之时，往往不能做到专一。因为觉得自己的产品线比较单一，他们会过于盲目地不断增加自己的产品种类，不断开发新的产品，以试图笼络更多的消费者。其实，这样的路线只能说是广撒网，却没有达到重点捞鱼的目的，因为，紧跟市场的脚步、流行什么做什么是没错的，可做什么就做一堆，大多数时候只能流于平凡，很难做出企业特色。既然你的品牌有这样的产品，其他品牌也有，为什么顾客就一定要选择你的呢？同时，产品线过于繁杂，却没有一个能让人眼前一亮、让买家产生"非它不可"想法的单品，是很难从如今的电商企业中突围而出的。品牌的产品就像是一个群体，群体中当然要有足够多的个体来支撑，才能达到"众人拾柴火焰高"的效果，但如果群龙无首的话，就只能是一盘散沙。所以我们在做电商品牌之前，首先要想的就是如何定位品牌自己的大单品，只有找到了这个龙头，才能带领企业更好地向前走。

在打造大单品的这条道路上，我们往往也会走入误区，对此更需要时时警惕。比如许多人对大单品的认识过于极端，要么就如上述的那样，认为这条路根本走不通，还是要广泛撒网，要么就信奉一招鲜吃遍天，认为只靠大单品就能长期存活。然而，情况真的这么简单吗？

打造大单品也要根据市场来，只要是产品，不管它多么经典，都有一定的生命周期。所以，只靠一种大单品来占领市场，早晚会出现销量减退、市场饱和的情况，只有不断升级，更新产品，让这个龙头始终冲在市场的前面，才能够真正让品牌长久地蓬勃发展。

首先，我们要对大单品在短期内的市场容量有一定认识。每一个较成功的新品在刚刚推出市场的时候，都会获得大量买家的追捧，然而，这个市场是有上限的，总会有饱和的情况，并且，产品的销量还会受到后继者的冲击。所以，一个产品不可能永远保持一开始的销量，企业对这种局面应该有所认识。

要解决这个问题也很简单，还是我们之前说的，要周期性地、不断推广更新升级我们的单品，做到始终锐利、始终创新。

其次，大单品的策略虽然好用，却不能无差别地用在任何地方。有时候，好的大单品就像突破麻袋的锥子，能带我们进入一个新的天地，但有时候，却需要有多个品种占领市场。以服装市场为例，在大多数情况下，服装品牌推出的新品总是十分繁杂的，因为购买者的心理都是相似的——他们愿意跟任何一个陌生人使用同款手机，也不愿看到眼前有一个和自己撞衫的人。当然，任何事情都会例外，如设计师品牌亚历山大·王曾推出的经典款白衬衫，就成为那一年的时尚圈大单品，获得了无数人的追捧。

所以，不同的情况下，需要使用不同的原则。通常，如果我们的电商品牌定位于饮食、个护清洁等，就必须要注重大单品的打造，这样品牌形象才能更加鲜明，产品才足够精简，才能够给人留下深刻的印象。

第三，不要将大单品解读为一种产品，这样很容易走入产品匮乏的困境。大单品可以成为一个企业的典型系列，围绕着起主导作用的最中心产品，根据价格不同、规格差异、品类区分，乃至包装上的创新，发展成为一个大单品系列，这样才能满足市场对新产品的需要。

尤其是对大单品进行各类创新，使其发展成为一个复杂的品系，对品牌是非常重要的。一旦我们能够打造出这样的系列，哪怕其中一个单品没能突围而出，也能有自己的"同胞兄弟"顶上，这样就能够产生足够的竞争力。

举个例子，曾经靠单品起家的娃哈哈集团，如今就拥有多个大单品群系，包括营养快线、脉动、娃哈哈、格瓦斯等，这就是从单品衍生为大单品群系的示范。要了解，单品群系并不完全等同于单品。

最后，千万不要认为，成功创造出一个大单品，全要靠将产品投入市场来碰运气。任何一个大单品的出现都不是偶然现象，而是在定位产品时就决定了的。只有充分了解市场，挖掘顾客需求，找到他们的痛点，才能够引爆市场，成功推出自己的大单品。在创造大单品的时候，我们应该遵循这样的原则——当我们做出这个产品时，自己就要相信它能在市场上一炮而红，不能做到这样的认知，只靠误打误撞，恐怕你很难摸清真正的大单品到底是什么样。

什么才是互联网爆款的本质

我们常常将"爆款"这个词挂在嘴边，任何一个做电商的人都想打造出自己的爆款，然而在做爆款之前，你是否知道在互联网经营中爆款的本质是什么呢？

流量大就代表爆款吗？卖得多就能成为爆款吗？不，爆款的本质远不是这么简单。想打造出一款爆款，你就得先研究一下爆款火爆的背后到底有着怎样的内涵。

首先，爆款并不是凭空产生的，在繁杂的市场上，它可能天然就存在。也就是说，那些可能成为爆款的产品，都具有"爆款属性"。所以我们所要做的，就是挖掘出产品的爆款属性，这种属性就是爆款的本质。

举个简单的例子，相信每一个做淘宝店、天猫店的卖家，都曾经经历过填写宝贝属性这样一个环节，仔细观察一下你就会发现，在淘宝上流量较高的产品，宝贝属性都十分复杂。为什么要填写那么复杂全面的宝贝属性呢？因为淘宝的数据库会根据属性来分类产品，当买家搜索这个属性的时候，有着相同标签的产品才会得到匹配出现在页面上。所以说，产品属性的填写非常重要，如果你的产品能够归类到热卖的属性当中，也就是跟搜索量极大的词汇沾边，那么它的搜索量乃至销售流量自然就会升高。所以产品有什么样的定位，它的属性是什么，对它能不能成为爆款是至关重要的。

就拿这些年流行的"小白鞋""复古风"来说，这两个关键词就是互联网上的热门属性，如果你的产品有这两个属性，那么它出现在买家面前的频率就会增高。此时如果产品本身的品质过硬，那么它就很有成为爆款的潜质。如果你的产品标签永远是不热销的，那么即便多次推广，它也很难真正走到买家的面前。

我们需要怎样发掘产品的爆款属性呢？在选择属性标签的时候，可以将这些标签分为二到三种，首先，最重要的就是产品的功能属性，也就是基本属性，即"这个商品有什么用"。假如你是卖衬衫的，"衬衫"就是它的功能属性，如果你是卖洗衣机的，洗衣机的全自动型、多功能型、滚筒型等就是它的功能属性。

除此之外产品还有其他属性，比如产品的外观属性，我们称之为风格属性。像"复古""文艺"等，这些特质与产品的功能无关，属于风格属性。当然产品属性并不只有这两大类，但是这两类是非常重要的，如果你只在宝贝描述中偏重其中一种，可能就会失去很多流量和顾客。所以，想成为爆款，那么就要挖掘出这件宝贝的复杂属性。

其次，爆款的另一个本质就是"区别于其他产品"，也就是"不同质化"。你可能会疑惑，爆款的属性是热销，一个热销品怎么可能不同质化呢？这就是我们在做产品时所要关注的，即怎样才能将热销属性的产品做出差异来，让它与非热销的属性完美结合，对产品进行优化和升级。所以，我们做产品的时候一定要立足于流行，在流行这个大趋势上，跟着热点进行创新。

最后，用一个简单的词来形容爆款就是"值"。对大多数买家来说，他们也许不会买最贵的，也许不会买最好的，但一定会买最值得的。所以，很多走小众风格的设计，最终也只能成为小众品，为什么？因为对大多数人来说，这个产品是不值得的，它只满足少部分人的喜好，所以很难成为爆款。我们要做的就是将产品的性价比调升到最高，它也许不是最便宜的，但一定要让人觉得值得。要做到这一点，就必须要注重产品的定位，从品质到价格、到对应人群等，都需要有严格的把控。

当你打造一个产品的时候，首先问一问自己觉得它"值不值"，你觉得值得了，产品才能吸引顾客为它掏腰包。永远要记得，满足用户心中的购买价值，才是我们做产品最中心的思想。

一件淘宝爆款能为我们带来什么

对于很多卖家来说,他们可能急切地需要爆款,但却不一定理解爆款能够为他们带来什么。从表面来看,一件爆款在短期内能够为卖家带来大量的收益,这好像就是爆款唯一能为我们做的。当然,即便是仅此一点也足够让卖家们欣喜了,但实际上,爆款能够带来的好处远远不止如此。毕竟,一件产品的寿命是有限的,即使它能给我们带来短期的收益,也不能支撑我们的店铺长久发展下去,所以我们更要发掘爆款背后的深层影响,真正发挥爆款的作用。

事实上,只要运作得当,爆款不仅代表短期内某一件产品的热销,而且能带动全产品链的崛起,甚至对我们的品牌发展有着至关重要的影响。

基于这样一个观点,我们在打造爆款的时候,就不能够单纯地将它看作一款商品,更不能将它的经营模式等同于店内其他商品。要知道任何一个爆款的出现,背后都有人为推动的影子,产品的火爆除了源于品质,还融合了策划与推广。想发挥爆款的连带作用,我们一方面要在前期投入大量精力对产品进行推广,另一方面,也要注重增加爆款与店内其他产品的关联销售。

举个例子,将爆款放在优惠套餐中出售,就会吸引一部分顾客,而这种方式,在一定程度上也推广了其他产品。或者我们也可以将爆款与其他产品进行巧妙搭配,让顾客产生"想购买一整套"的想法,这也是非常好的关联销售。典型的例子就是淘宝上服装类商品的销售,当设计师设计出极富有爆款潜力的服饰时,往往会跟店内的基础款进行搭配,比如白衬衫、打底羊毛衫等,此时,有相当一部分顾客都会产生购买一套的想法,而这就促进了这些基础款的销售。事实上,白衬衫、羊毛衫这样的款式在淘宝上是很同质化的,但是当有一件爆款带动的时候,它们的销量也就随之上升了,这就是爆款的关联性所带来的影响。

不管是爆款本身的销售,还是爆款带动的其他产品的销售,又或者是因为爆款而出现的二次购买现象,都能够给店铺带来直接的收益和长期的买家,所以这些都可以归类为爆款带来的直接利益。在这个过程中,将爆款做好,同时注意对买家的服务,就可以打造良好的口碑,对提高淘宝店铺的销售量和好评率,都是有很积极的影响的。

而从另一个角度看,爆款还能给我们的淘宝店铺带来更加深远的间接利益。首先,从淘宝对宝贝的搜索排名安排习惯来看,如果店铺中有一个产品的销量和好评率都很高的话,那么店铺中其他的宝贝在同类的搜索页面中,排名都会更靠前一些。如今,淘宝买家逐渐集中到移动端,使用手机、平板电脑的移动用户已经超过了电脑用户。而在移动端购物,由于页面的限制,买家在同类产品中浏览时,并不愿意将页面翻得很靠后。所以,宝贝的排名越靠前,成交量也就越大,成交率就越高。这样,爆款给我们的店铺和店铺中的其他宝贝带来大量流量。

总结起来,爆款的深层次功能就是能够将整个店铺的产品链都带动起来,提高店铺评分。简单来说,一个单一的爆款产品,可能在短时间内对店铺的整体影响不太大,但是,由于爆款的关联效应,如果操作得当,就能顺势推动几个其他产品共同销售,带动整个产品链。一旦产品链被提升起来,店铺的评分就会有明显升高,这样再反作用于店铺的商品,就可以让所有的宝贝在搜索页面的位置更加靠前,由此形成一个良性循环,店铺也就站稳脚跟了。

所以,不要将爆款单单看成是一件商品,推动一个爆款的出现,其实就是在推动整个店铺的发展。

电商要用爆款思维去打造产品

有爆款，就有爆款思维。后者顾名思义，就是通过打造爆款的思维模式去经营店铺、打造产品，这样一来，我们能推出爆款的概率就大大提升，因为从一开始，我们的思维模式就是不同的。

现在我们常常提到"思维"这个词，一种独特的思维方式对任何人来说都是非常重要的，那么爆款思维的本质应该是什么呢？

之前，只要说到爆款思维，人们往往都会围绕如何让产品能够令用户尖叫展开。这个说法当然是对的，如果你的产品不够好，怎么会频频有买家愿意为它掏腰包呢？然而，我们也要面对现实，在淘宝的众多商家中，真正能够把产品做到让如今挑剔的用户尖叫的，少之又少。对大量的商家来说，研发出好的产品这个环节，本身就不由他们负责，如何定位产品、选择产品和销售产品，才是他们的主要工作。所以，要特别着眼的，除了打造极致的产品之外，更重要的是做到能够优于对手。就像那个简单的寓言故事，在野外遇到熊的时候，你不必跑得多快，但是只要能够跑过你的对手就够了。

爆款思维也是如此，它的第一项也是最本质的一项，就是要打造足够锐利的产品。能把品质做到极致，自然就能打造出锐利的产品，但这一点很多人都无法做到，那我们就从另一个角度出发——谨慎地选择产品，做到从红海中发掘蓝海。

红海，就是指现如今十分主流的、已经接近饱和甚至要溢出的产品市场。而蓝海则不同，它是一个新的大陆，还很少有商家去发掘和涉足。红海中的蓝海有一个最大的优势，就是它现在还不够主流，竞争压力比较小，然而它处在流行的、火爆的红海范围内，很容易被人注意到却还没发展起来，极有可能会在未来成为主流。这一类产品受众基础很广泛，有成为爆款的潜质，所以，也可以称之为新主流产品。

在过去，主流产品的标签是"物不美价廉"，越便宜的产品销量越好，人们甚至不太在意它的质量。而如今，这种主流正在慢慢改变，那些功能性强但价格不太低、过去没有被意识到重要性的必需品，将要进入一个销量的井喷期，比如多功能马桶盖。所以，价廉已经不再是选择产品的目标，要做到性价比高才可以。

做到高性价比的同时，还要让高性价比可以从外观上看出来，即将产品做到品质视觉化。什么是品质视觉化？简而言之，就是好品质看得见，能够做到让顾客第一眼就看中，这才能够成为爆款。在如今这个同类商品数不胜数的市场上，人们在选择产品的时候，无法进行太多考虑和深入了解，往往第一印象是影响他们选择的根本，如果你的产品品质藏于内而外表平凡无奇，是很难得到顾客第一眼认可的。所以，我们一定要做到让产品的形象和它的品质相符，甚至更好。苹果公司推出的产品就有十分典型的"视觉品质"，顾客很容易从外观上认可它们值得这样昂贵的价格。

谨慎选择产品并将产品做到品质视觉化，只有这样，才能够引爆消费者的购买热潮。

爆款思维的第二项，就是注重活动与营销。仅仅靠产品来说话，是很难吸引顾客的，所以，在社会化的营销阶段，不断做活动、创造集体围观的现象是引爆爆款的重要途径。

传统的推广方式似乎更注重洗脑式营销，营销的途径比较单一。比如一个广告，虽然只在电视上的固定时段播出，但是可以连续播无数遍，甚至一轮内连播十几次，例如恒源祥的"羊羊羊"广告就是这样，通过重复最终让顾客对品牌和产品产生深刻记忆。

然而，这样的方式只适用于过去媒体渠道比较单一的情况，如今，人们的信息接收是多渠道化的，广告的受众被分散了。所以，营销也应该抛弃过去的洗脑式概念，做到注重传播，只有让更多人知道并对产品产生兴趣，方能形成集体围观的现象。

在这种要求下，我们的营销方式可以是多样化的，次数不必太多，但是必须足够新奇，能够引起所定位的顾客的兴趣。所以，我们说爆款思维一定要引发集体围观，它的本质就是让更多人来看热闹并被热闹所吸引，这就能带来大量的潜在顾客。而我们的工作就是选择并创造出这个"热闹"让人来围观。很多品牌所采用的事件营销方式，就是在试图引起集体围观，通过一个引发社会大众热议的事件，自然而然地让他们将这个信息传播出去，并吸引有意向的潜在顾客。

爆款思维的第三项，就是服务和情怀。尤其是做淘宝电商，服务一定要到位，良好的服务也许未必能给你带来明显的好处，但服务质量跟不上，一定会影响店铺的口碑，为店铺带来差评和不良影响。所以，服务要到位，让顾客满意最重要。

在这一点的基础上，再通过抓准顾客的心理，进行情怀营销，就能够引起顾客的共鸣，让他们从买家变成粉丝，对品牌的忠诚度大大提高。情怀营销的另一个好处是，它会让买家对产品、服务等，更加宽容、更加忠实，这一部分人就成为支撑品牌发展的最中坚力量。

经营电商时围绕这几个中心点进行思考，其实就是爆款思维，电商以这样的思维去打造产品，可以在更短的时间内打造出自己的品牌与店铺。

第二章
爆款思维等于为顾客定制服务

让雷军告诉你,什么才叫爆款思维

提到爆款思维,就绝对绕不过缔造了"小米神话"的雷军。可以说,小米的成功就是走的爆款路线,雷军通过实践,告诉我们爆款思维该如何培养。

总结雷军的经验,爆款思维其实就是为顾客定制属于他们的服务,在这个基础上,通过满足以下几个原则,你也可以将自己的产品做成爆款。

原则一:让买家觉得"值得"最重要

要想做爆款,首先要做到让买家觉得买得值,让买家觉得这是一次满意的购物。什么样的产品,能够让买家觉得值得呢?它不一定是价格最低的,也不一定是品质最好的,但一定是性价比最高的。

小米科技的创始人雷军就深谙性价比之道的精髓,小米的产品大多数都是走性价比路线。小米所推出的产品有一个最大的杀招,那就是价格可能不足其他同类产品的一半,但性能却能提高一倍,而这个原则是小米从一开始就坚持的。我们可以跟从小米的经验来看看,如何做到让买家觉得产品的性价比足够高。

2011年,在智能手机市场刚刚蓬勃兴起的时候,从苹果、三星、摩托罗拉等海外大品牌,到诸多试水的国产品牌,都有一个共同的特点——所推出的智能手机价格居高不下。作为技术含量较高的手机产品，智能手机配件的价格本来就比较高，想压低成本很难，所以必然造成智能手机整体价格高昂，无法真正走入大众之中。

此时，小米作为平价智能手机的代表，以不足两千元的超低价杀入市场，一下子成为了冲击智能手机市场的黑马。可以说如果没有小米的突破，国产智能手机是很难在此后的几年内迅速以低价杀出并花开遍地的。从这个角度来说，一开始，小米手机的高性价比是绝对毋庸置疑的。

小米是怎样做到性价比为王，让所有买家都觉得"值"呢？很简单，那就是在生产和销售的流程中，让产品之外的附加成本降到最低。在传统的销售流程下，服装行业中一件衣服的成本价如果定为"1"，那么它的销售价绝对在"8"以上，其中除了产品成本价之外的相当一部分都是销售流程中的附加价格。因为一件衣服的销售需要运营，需要投入广告费，需要各级代理，还需要渠道费等，这些费用是十分复杂的，累积起来后可能是原始成本的几倍，而这样一个流程就是传统销售中的价值链。

小米则不同，它所做的就是最大限度地精简价值链，将中间不必要的环节全部砍掉，尽可能让产品从生产出来的那一刻开始，就在送往买家手中的路上，也就是俗称的没有中间商赚差价。这样一来，运营成本就大大降低了。

事实上，小米有这样一个内部红线——运营成本绝不能超过总销售额度的5%，这样一来，小米就能以近乎成本价的价格销售自己的产品，还能做到不亏损，自然就做成了高性价比。这是电商区别于普通店铺的特点，当我们在经营店铺时，也应该尽量砍掉中间环节、精简价值链，让附加成本足够少，这样才能做到让利于消费者，使自己的产品在淘宝上吸引顾客。关于这一点，拿货渠道到销售渠道、经营模式，乃至快递公司的选择，都会产生一定影响。

这样的高性价比也带来一个问题，就是必须要提高商品的销售量，才能够带来足够的利润，这就是俗称的薄利多销。如何才能做到多销呢？很简单，那就是采取爆款战略，精简产品线。产品线越多，就意味着成本越高，与其不断地生产不同的产品，不如有限地推出几个经典产品，既减少了生产成本，又能够提高单一产品的销量，用爆款来带动整个企业的利润。

精简产品线的道路，适合高科技等产品较单一、产品制作流程复杂的商品，正因复杂，减少产品线就能降低成本、提高效率。而对于快消产品来说，就不太适用于这个原则了。

小米的性价比之道的另一点，就是做到"羊毛出在猪身上"。俗话说得好，羊毛出在羊身上，这是传统企业运营的真理之一。这一观念导致的就是一分钱一分货，贵的东西未必让你满意，但便宜的质量一定不好，毕竟我们花的每一笔钱，都代表我们最后能享受到的产品质量。然而在互联网时代，要做到羊毛出在猪身上，才是一个企业成功的根本。

以小米为例，降低产品价格后，所收到的"羊毛"就不来自于买家了，更多的则是来源于它的合作商。小米通过手机的大量增值服务，比如收费软件等获得极大收益，这也是小米能够降低产品价格的重要保证。这就是羊毛出在猪身上，达到了转嫁成本的目的，而这样的策略，对于想做电商的企业来说，都是可以学习的。

原则二：满足需求，更要创造需求

我们之前已经提及过，爆款思维就是针对顾客的需求进行定制服务。所以，爆款思维的原则之一，就是要让产品围绕着顾客，以满足顾客的需求作为出发点。

想做爆款，你首先得打造出一款能够让顾客觉得有用并且需要的产品。这一点，小米的不少产品还是做得不错的。在它火爆的这些年里，所推出的几种较为极致的、可以称为爆款的产品，都是在满足顾客日益增长、不断变化的需求。

从2011年推出一代手机开始，小米手机的价格就始终保持在较低水平，可是性能与配置却并不低。小米这么做的出发点是，市场上人们对智能机的功能有一定要求，但是满足要求的手机的过于高昂的价格又让大众难以接受，所以针对人们的这个需求，小米推出了满足市场需求的产品，获得了巨大的成功，使得这个品牌在互联网上一炮而红。

之后，在有线电视推出机顶盒业务后，人们对电视和机顶盒的功能就有了新的需求：如果能够将移动端和电视连接起来，做到同步显示，不就可以在更大的屏幕上观看手机、平板电脑上的内容了吗？如果自家的电视也可以上网，是不是就能直接观看网络上的视频呢？基于这样的需求，小米推出了小米盒子，以良好的口碑和惊艳的表现赢得了人们的喜爱。我们不仅可以通过小米盒子的"米联"功能将电视屏幕变成自己的手机屏，网络追剧就有了更好的影音享受。

同样，在运动手环火爆之后，人们对运动手环的电量也有了一定的需求，如果能有更长的待机时间，人们会对它会有更高的接受度。基于此，小米推出了可以一个月不充电的移动手环，达到了8个月400万销售额的业绩，可以说形成了一个新的爆款。

由此可见，小米的产品一直走在满足顾客需求的道路上，而我们要做产品也是如此，必须要先知道顾客需要什么，再去选择产品，绝不能跟随自己的喜好、感觉去做产品。

除此之外，不仅要满足顾客的需求，在必要的时候还可以做到创造需求让顾客满意。什么叫创造需求呢？就是在顾客的潜意识中，可能对商品有某种需求，但他们并没有重视和意识到。此时我们就要做一件事，就是使顾客的潜在需求得到激发，并最终得到满足。这样所打造出来的产品有一个极大的好处，那就是它将进入一个绝对的蓝海市场，在短时间内不必担心竞争对手。说到创造需求，我们就不得不提一提超市手推车的创造者，一个叫戈德曼的美国人了。

戈德曼是一个超市商人，20世纪30年代，美国面临严重的经济危机，他的超市与商场濒临倒闭，就在此时，戈德曼找到了一个新的商机。

原来，当时正是冰箱在市场上大规模推广的时候，将近一半的美国家庭已经在使用冰箱。在这个背景下，这些家庭的主妇到超市购物时，往往会一次购买大量的商品，这样就可以储存在冰箱中，减少多次购物浪费的时间。可与之相对的是，人们只能用两只手提着篮子在超市中选购，一旦商品过多，就会面临提不动、无法携带的情况，从而不得不减少购物的数量和欲望。

如何才能促进顾客多买东西呢？很简单，只要解放他们的双手，让顾客有更多的精力去选购商品，他们的购物欲望就不会消减。基于此，戈德曼发明了超市手推车。

可在一开始，手推车并没有受到人们的喜爱，这个看起来像婴儿车的怪东西几乎被所有人拒绝。男性认为，推着手推车在超市中购物显得过于女性化，而且自己并不需要这种东西；而女性则认为，手推车让她们在逛超市的时候也变成了带孩子，感到非常别扭。

由此可以看出，当时的顾客虽然对手推车有一定的需求，但他们并没有意识到自己的这种需要，并且抗拒这种产品。这时，就需要商家通过合适的方法，引导他们意识到自己的需求，这就是我们所说的创造需求。

戈德曼在创造需求上想到的方法非常巧妙，而且十分简单，那就是利用顾客的从众心理。他先雇用几个模特，他们的主要工作就是每天推着手推车在超市里走来走去、选购商品。这个现象立刻引起了周围顾客的注意。从心理学上讲，跟从永远比做第一个尝试的人更加容易，被从众心理影响的顾客们，开始主动尝试推着手推车购物，并逐渐体会到了这种方法带来的好处，于是，超市手推车迅速在美国乃至全世界流行起来。

戈德曼靠着超市手推车的发明，在当时赚得了4亿美元，超过了他经营超市的所有收入。从超市手推车这一绝对爆款的流行上，我们会发现，创造需求并满足需求，显然更高一筹，也更难做到，这需要我们对买家和客户的心理有更深层的了解。

原则三：酒香也怕巷子深

有句俗话叫"酒香不怕巷子深"，这是否就意味着，产品品质好，不必宣传也能够成为爆款呢？当然不是。事实上，美酒之所以不怕巷子深，正是因为它本身香味浓郁，这就是最好的宣传，所以宣传无处不在，从古至今都是如此。

在互联网时代，宣传和营销更是十分重要的部分。也许你的产品没有特别突出的优势，但宣传到位，可能一样能够获得好的销量。当然，要做到真正的爆款，是一定要同时注重品质与营销的，没有营销的产品，无法长久持续下去。

　　我们之前已经说过，在互联网营销的理念中，洗脑式的广告并不是我们所需要的手段。互联网营销方式应该更重视"传"而非"播"，信息的更多传递，能够给我们带来更好的宣传效果，吸引更多人的注意，从而引发集体围观现象。

　　怎样才能做到传递式营销呢？对互联网上的电商企业来说，"事件营销"就是一个非常好的、可以快速引爆的营销方式。

　　而事件营销也是小米一贯擅长的营销手法。2011年，小米在MIUI一周年时，发布了自己的第一款手机，此次发布会十分高调，堪称是小米手机登台的第一次事件营销。

　　首先是管理者亲自上阵。雷军在自己的微博上频频为小米手机"站台"，进行高密度的宣传，并多次亮相出席各种公众活动。作为之前就在互联网上有一定关注度的知名人物，雷军一直很少在微博上发言，此次特殊的举动自然会引起大量粉丝和媒体的关注。同时，他遍及互联网企业的好友们，也纷纷出面为雷军宣传，在这种情况下，小米手机可谓"未发先红"，极大地吸引了人们的好奇心。

　　接下来，就是小米手机的发布会。2011年8月16日的发布会蕴含的爆点有很多。第一，8月16日是小米MIUI系统发布的一周年，小米在论坛上提前征集大量粉丝来参与发布会，有近千人报名。这件事本身就是对小米新手机的一次预热，它能够吸引粉丝们的关注，也能在网上拥有一定的话题度，也就形成了一个集体围观的雏形。

　　第二，是小米手机捆绑苹果进行营销的方法，不仅发布会与苹果的发布会极为雷同、雷军更屡屡表达自己对乔布斯的崇拜，而同时，雷军的多个好友、在互联网上有一定知名度的企业CEO都在现场播放的视频中做出了将苹果手机扔进垃圾桶的动作，以显示自己对小米的支持。以这样极端的方式，来宣告自己放弃当时在人们眼中堪称神机的苹果，转而选择小米，本身就是一件令人诧异的事。而越是反差极大，越容易让人们"围观"，并好奇小米到底是一款怎样的手机，敢与苹果比肩。虽然小米与苹果之间事实上有很大的差距，但是作为一款国产手机，初发布就敢与苹果叫板，自然就成为了足够产生话题度的事件。而这就是小米营销之中总爱提苹果的原因之一，也就是俗称的捆绑炒作。

除此之外，小米手机在发布现场所透露出的高配置、低价格这样令人意外的消息，也足以吸引眼球、赢得媒体的关注和兴趣，从而让消费者得知，还有这样一款性价比极高的手机。

这些综合起来，就让小米手机成为了一个话题度极高的产品，在短短一天之内，百度关注指数等就足足翻了一倍还多。

由此可见，要在电商平台做好一个爆款，就必须要有良好的、性价比高的产品，同时还要让产品有引爆话题的可能，事件营销就是最容易引爆产品的宣传手段。

原则四：打造粉丝效应

和一般的传统企业不同，作为互联网企业，小米很注重粉丝效应的打造。举个简单的例子，提起冰箱，我们很多人都会想起海尔，但是也许你的家人都使用海尔冰箱，你却不会说"我是海尔的粉丝"，海尔也不会举办粉丝节之类的活动，让使用海尔冰箱的顾客共同参与、一起娱乐。许多在过去简直是天方夜谭的想法，小米做了，并使之成为聚拢粉丝的重要手法。

如今，各式各样的小米粉丝节、粉丝线下活动等，让小米的粉丝从互联网走到生活中，粉丝和小米之间的联系更加紧密了，粉丝对小米这个品牌的忠诚度也就变高了。

所以，粉丝营销的第一点，就是要加强品牌跟粉丝之间的互动，提高用户参与感。线上可以互动，线下也一样能够做到，当然，作为电商企业，我们如果要做粉丝营销，还是要从线上的交流开始。小米的起步也正是如此，它的粉丝营销甚至早于产品，可以说，尚未有产品之时小米便已经有了一批忠实的顾客。

小米的概念系统MIUI早于第一代小米手机一年发布，而MIUI的营销没有花过一分钱。小米公司联合创始人黎万强在最开始，通过最简单的手法去宣传MIUI，从第三方论坛邀请用户参与体验，通过用户的口碑相传，迅速引爆了产品。这些体验者参与了整个系统的设计与研发，并将自己的使用情况反馈给小米公司，让他们不断改进，而这些，就形成了小米粉丝文化的雏形。

在两年后的粉丝节上，MIUI的粉丝人数已经从100增加到了1700万。小米借那次机会推出了自己的微电影——《100个梦想的赞助商》，以此来感谢最初的100名MIUI系统用户。这个微电影感动了不少在场的粉丝，甚至许多人都流下了眼泪。

粉丝为什么会因此而感动呢？是因为小米所走的粉丝路线，让它与客户之间的关系更加紧密，比如最初的100个系统体验者，他们实际上成为了小米系统开发中的参与者。当粉丝与产品之间的关联更深、参与感更强时，他们就会对产品产生更强烈的感情和购买欲望。

简而言之，小米的粉丝感受到了自己是被重视的，相比于其他没有感情投入的产品，他们肯定更倾向于选择小米。

现在网红们纷纷开网店的风潮，正是一种另类的"粉丝效应"。网红店铺就如小米一样，在尚未有产品之前，先通过概念产品或个人魅力吸引一批粉丝，等到有一定粉丝基础的时候，再将自己的店铺搬上舞台，自然能不费力地获得第一批顾客，省下第一批"营销费"。所以，我们也可以仿照小米、网红的模式，做到粉丝先行、产品后发。

我们常将"顾客是上帝"挂在口头，然而现在，做电商产品，顾客不仅要成为我们的上帝，还要成为我们的朋友，只有拉近产品与顾客的距离，才能真正实现粉丝营销，让他们成为品牌发展最重要的支持者。

粉丝营销的第二点，就是针对粉丝的特点，打造符合他们期待的产品文化。假如你的产品受众是有一定购买力和社会地位的职场中人，那么你的产品文化就不能流于低俗，而应该有一定的品质，有一定的深度，并且符合潮流，因为这些顾客对产品的价格并不那么敏感，他们注重的是能够有符合身份和个人需求的精致产品。

同样，如果你的受众是年轻人，那么要走的产品路线就又不同了。如同小米，他所针对的就是较为年轻的群体。这个群体有什么特点呢？他们热情、热血、理想化，同时对价格非常敏感。所以小米所推出的产品都是走高性价比的路线，以低廉的价格搭配较高的性能，足以吸引年轻受众的关注。如果产品性能太差，是无法满足年轻人需求的，价格太高，年轻人又负担不起，而小米的产品则刚刚好，这就是我们所说的产品文化必须跟受众息息相关。

更进一步，小米又将其产品文化可充分体现在宣传中，小米号称是"年轻人也可以用得起的智能手机"，是"优质国货"，前者很好地抓住了年轻人想享有优质生活的观念，大大地满足了年轻受众的需求，能够让他们从情感上得到满足；而后者打出优质国货的概念，让人不免联想到国货崛起，对小米这样的国货产生更好的观感。如此一来，粉丝就自然而然产生了。

总结起来，进行粉丝营销就要立足于两点，首先是要加强产品与顾客之间的交流联系，与顾客成为朋友，让顾客对产品产生更深的感情与更高的参与感；然后找准产品定位，抓住顾客的情感需求，引起他们的共鸣。做到这两点，粉丝营销也就成功大半了。

第三章
做爆款,并不是无规可循

把握所选择产品的生命周期

前面两章我们主要介绍了爆款思维的本质和内容,但是有了思维还要有行动,只有付诸行动,我们才有可能做出爆款,如果只讲思维,只讲理论上的东西而不去实践的话,恐怕很难真正打造出爆款来。所以,下面我们就要讲讲,真正着手去做爆款的时候应该注意哪些方面。

首先,做爆款的时候,一定要注意你所选择的单品的生命周期。生命周期,顾名思义就是你所选择的单品能够在市场上火爆多久。要知道,当一款产品进入市场之后,它的销售额和能给我们的店铺带来的利润不是一成不变的,而是会随着时间的变化而改变。

一般来讲,利润和销售额是先增加后减少的过程。所以,产品的生命周期是非常需要注意的,只有抓住它能给我们带来大量利润的时间段,也就是利用好产品的成熟期,我们才能够从中获得最大的利润。一旦产品进入衰退期,就必须选择新的产品进行替代。

事实上,现在很多商家没有真正把握产品的生命周期,尤其是在如今竞争激烈的电商市场上,一个产品从推出到衰退,它的生命周期可以说非常短暂。当下,所有的卖家都知道应该做爆款,但是靠推出爆款来带动店铺这件事,并非是一条捷径——同一类目下,不同卖家之间的竞争是相当激烈的,人人都想走爆款之路，就看谁能走得最好。

对于中小型卖家而言，掌握产品的生命周期更为重要。大的卖家可以自行打造具有特色的、难以在短期内被他人模仿的产品，这就无形中延长了他们所推出的爆款的生命周期。而中小型卖家只能从选择产品入手，你能选择的产品其他的卖家也可以选择，所以在短期之内，价格上的竞争和波动是非常大的。假如有两个商家都选择了同一款女士打底裤作为自己推出的爆款，第一家要进行打板、研究设计，付出大量成本后上市，标价45元。第二家迅速跟风，研发成本变低了，就有可能标价40元。在不断的竞争中，两家不停地压低价格，最终这样的恶性循环导致市场变大了，其他卖家纷纷掌握了卖打底裤的商机，也以小成本冲入市场，而最开始推出产品的卖家却没能从中获得足够的利润，反而还付出了更多成本。

所以，打造爆款的第一个问题就是掌握产品的生命周期。如果不能掌握好产品的生命周期，洞悉其价格波动规律，就很容易与利润失之交臂。

如何把握产品的生命周期呢？如果你选择的产品是应季性产品，就一定要查询它的市场趋势，搜集指数信息，并做出一年内的搜索指数图表。你会发现，应季性的产品只在一年内的某个时间段内搜索指数和销量极高，所以一定要把握好时间和机会，最好在搜索指数进入上升期之前，至少提前半个月上架这款产品。

我们都知道，淘宝产品的推出，有一个著名的"七天螺旋法则"，就是说，在产品刚刚推出的时候，并不能立刻迎来井喷期，而是需要有周期性的增长。所以，最好提前两周将应季性产品推出，这样就能够让你所推出的产品的成熟期与市场的热卖期重合，达到相辅相成的效果。如果同类产品已经进入了热卖期，你才推出你的产品，就很容易错过这个市场高峰。

如果是常年销售的产品，一定要分析产品在一段时间内的成交记录。如果你的产品尚未上架，可以直接从竞争对手那里获得信息，分析一下他店铺的成交量。记住，产品的成交量一定不能只看短时期的，而是要分析至少一周内的信息。因为短时期内的高销量，很有可能是因为刚刚举办了大型的推广活动，所以产生一个销售高峰。我们的目的是观察产品长期的真正的销售量，就一定要分析活动之外的成交量。

千万不要因为产品目前的销量高，就盲目跟风去推出你的产品，事实上，这个判断必须要摒除宣传和活动等因素才能做对。

总之，在运营线上爆款的时候，首先应该做的就是抓住产品的生命周期，千万不要过于盲目，一味地推行你所认为的爆款产品，这样很有可能与市场和顾客的意见相左，造成投入多却收效少的不良后果。

抓住产品中的"杀手级应用"

想打造爆款、推出爆款产品,第二个要求就是——一定要打造出产品的绝对特色,也就是我们所说的"杀手级应用"。

什么是杀手级应用?就是你的产品一定要有一个可以抓人眼球的、让人觉得非选不可的特色。如果你的产品中所有可称之为特点的属性都平庸无奇,无法让人产生难以割舍、必须购买的想法,那么这款产品就很难成为爆款。所以,我们在选产品的时候,也要从爆款思维出发,找到一个极致的点带动整个产品,这个极致的点就是杀手级应用。

苹果手机为什么能够获得现在的成功?就是因为它融合了大量的杀手级应用。

2005年,乔布斯从自己的首席设计师乔纳森口中得知了多点触控技术。多点触控在当时还是一个非常新的、相当不成熟的、前景难以判断的技术。很多人都认为,这是一个毫无用处的设计,因为当时的手机厂商主要应用的是电阻式触摸屏,也就是使用手写笔来触摸的屏幕。这样的屏幕,在当时已经能够满足绝大多数顾客的需求,并且还有价格低廉、抗摔性能强等诸多优点,在这种情况下,为什么还要再去研究新的手机屏呢?

所以,即便研究出控制屏幕的建议被提出,一些品牌高层也很难认可。

但是，苹果早就采用了这种电容式的触控式屏幕，而在这个基础上，他们又推出了多点触控。从此，手机的键盘就被屏幕完全取代了。

在苹果应用多点触控之前，人们并没有认为手机键盘、触摸屏二者都有的设计是一种"累赘"，所以人们对多点触控技术的需求就是潜在的，还不是人们眼中的痛点。但是当苹果做出这样的创新后，人们却发现了没有键盘的手机是多么好用，从而引爆了需求。这也是我们之前讲的，没有需求也要创造需求。

最终，这个有些风险的创新性行为得到了整个市场的认可。虽然在iPhone刚刚推出的时候，人们认为iPhone昂贵、没有键盘使用不便、太过脆弱而且质量不佳，但是几年后，苹果手机一年破几亿的销量，证明了市场最终的选择。

苹果的成功，正是因为它抓住了杀手级应用——多点触控技术，通过这个技术带动了整个产品，让苹果手机成为用户的不二之选。多点触控的技术在当时是苹果独有的，所以只要对多点触控体验感兴趣的顾客，就一定愿意选择这个产品。也是通过这个技术，苹果从和其他厂商的竞争中脱颖而出，占领了一大片手机市场。

我们要学习苹果吗？我们能学习到吗？苹果的成功经验已经被神化，这条路也许无法被复制，但我们完全可以学到其中的精髓，那就是通过打造杀手级应用来带动产品，乃至盘活整个品牌。

如何抓住一个杀手级应用呢？很简单，就是找到人们真正的刚需。很多时候，人们的需求是隐性的，没有被展现出来，但是从市场中可以分析得出。此时，谁能够找到这个需求并满足顾客，谁就抓住了一个杀手级应用。

在美国，一个硬件公司的联合创始人卡梅伦就抓住了这样一个杀手级应用——去除臭虫。偶然的机会，他发现自己邻居的房间里经常能看到臭虫，这些小小的昆虫能通过如电源插座等房间的各种缝隙，散布在整个公寓中。如何能完美地解决这些令人烦恼的小玩意儿呢？卡梅伦通过研究搜索引擎的数据，发现每个月都有11万人在谷歌中搜索类似的问题——怎样才能去除生活中发现的臭虫？

你看，这就是一个没有被人发现的杀手级应用。人人都知道臭虫是令人厌恶的，去除臭虫的需求也非常普遍，但却没有一个真正好的办法来解决人们提出的这个问题。既然没有，那这就是一个未被发现的蓝海，于是卡梅伦联合自己的邻居，共同创立了以去除臭虫为目的研发产品的公司。他们最终研制出一种具有高温加热功能的硬件产品，将其直接放在行李箱中或衣服上，通过高温烤炙可以达到去除臭虫的目的。而且，放置这种产品也不会损坏人们的衣物，可以说完美地满足了人们的需求，是一个非常好的解决方案。通过这个想法和产品，卡梅伦成功了。

从这一经验中你会发现，杀手级应用可能存在于各个地方，苹果选择了竞争激烈的手机市场，最终成功了；而卡梅伦选择了尚未有人涉足的蓝海市场，他也成功了。他们的共同特点就是抓住了人们的刚需，打造出了有杀手级特色的产品。

对于我们而言，这些经验也是可以学习的。假如你的实力还不足以去涉入激烈竞争的市场，不妨就多关注一些尚未被人发现的刚需市场，从蓝海市场入手，打造杀手级应用。对于这个选择，很多商家可能都会感到犹豫——"既然是蓝海市场，就说明流量并不高，我们瞄准这个方向打造产品，面向的客户市场真的足够大吗？"这个担忧的存在当然是有道理的，所以我们并不能直接贸然地选择产品，而是要围绕这个产品进行相关的市场调研。

就如同卡梅伦选择了杀死臭虫的产品，他也是提前根据搜索引擎上的记录进行了调查和分析，得到了"11万需求者"这个潜在客户群的预估，在对用户市场有了初步的判断之后，才去研发推出的。所以，分析市场、调查人们的需求是非常重要的，这种提前的调研可以以多种方式进行，目的就是筛选出杀手级应用。

运营爆款，就要打好网店的流量之战

在寻找到杀手级应用之后，我们还要关注产品的运营过程。运营任何一个爆款，都要注意打好网店的流量之战。

什么是流量？简单点说，电商平台上的流量就是点击率、浏览量，一段时间内，你的店铺的客流量可以说是流量，一件产品的点击量也可以说是流量。你会发现，流量并不一定会产生收益，大量的点击之下，只有小部分买家会产生购买行为，也就是说，流量不完全等同于利润。

但是如果没有流量的话，是一定没有利润的，所以每一个想打造爆款的卖家，都相当注重打好流量战，流量是可能产生爆款的基础。

事实上，除了在线上，线下也有各种各样吸引流量的手段。2015年年初，房地产市场相对比较低迷的时候，多个楼盘公众号都推送了推销信息，这些信息的内容非常相似，大意是，只要关注此楼盘的公众微信号，就可以免费获得精美礼品，从新鲜草莓、大米食油，到各种礼盒不一。这就是一种引发流量的促销手段，免费赠送的礼品是商家所付出的流量成本，而他们获得的就是更多的客流量，是人气，是潜在的客户群。

也许关注公众号和去现场领取礼品的人流中，只有极少部分会产生购买楼盘的意向，真正购买的又是极少数中的极少数，但是，如果没有这种基础流量，就连这一小部分也很难从人群中筛选吸引过来。

由此可见，不仅仅是线上销售，所有的买卖本质上都是在打流量战。

对于传统的线下企业来说，流量多少可以直观地判断出来，今天店面接待的人数多，就代表客流量比较大，销售出去的产品多，就代表流量的转化率比较高。但是在互联网上，没有商家和买家面对面销售的过程，流量就变成了一个隐晦信息。

然而流量对线上企业而言，又比对线下企业来说更加重要。可以说，在互联网上，流量低的企业不仅仅代表竞争力低，更有可能被流量高的商家企业压制，甚至剔除出行业。

互联网上流量的不可捉摸性与重要性，又带来了极大的不确定性，也许今天你会迎来了一次流量爆表，但明天就有可能失去客户和曝光率。可以说，在互联网上卖产品就像打造一个明星一样，必须时时刻刻保持曝光，才能够吸引粉丝，也就是我们所说的带来流量。一旦你放松沉寂下来，就会迅速被淘汰，而你的对手来自于整个市场，并非只有同行才有竞争关系。

举个例子我们就可以发现，企业甚至可以通过流量来封杀对手，如果你所面对的竞争商家比你强大太多，在打流量战上你就会吃大亏。

2010年，360和QQ所打的"3Q大战"，就是在通过流量战进行对抗。当时，腾讯公司推出了和360同平台性竞争的类似产品——QQ保镖，并发布声明，要求所有安装QQ的用户都卸载360。也就是说，用户只能在QQ和360之间进行单一选择。

这个消息一发布出来，360的用户以百万千万计迅速减少，而这些卸载了360的用户可能会选择下载使用QQ保镖，也可能只是为了继续使用QQ，但无疑，他们做这种选择的原因都是一样的——QQ对这些用户而言比360更加重要。

很多人认为腾讯的这种行为太过小气,容易失去很多用户的支持,但是他们不知道,这种仿佛小孩子赌气般的行为,本质上其实是一场残酷的流量大战。

虽然互联网上的流量之战总是显得太过黑暗、复杂,但是事实上,即便是复杂的法则,只要运用得当,你也可以将它转化为自己的机会。

在线上流量之战中,最主要的法则有三条。

其一,要不断提高产品的曝光率。即便你的产品再好,如果不曝光,用户看不到;你的品牌广告做得再精美,如果不曝光,没有人知道;你的线下有再多的产业链和门店,在线上不曝光,用户根本想不起来。

用户在互联网上搜索产品相对盲目,尤其是在目前同质化严重的市场上,同类的产品可以高达万种甚至数十万种,你的产品很容易就被淹没了,用户根本搜索不到。如何才能在其中脱颖而出,让用户看到呢?很简单,提高产品的曝光率,让产品被更多潜在用户知晓。各种途径的营销也好、投放广告也好、活动也好,总之,一定要有曝光度和宣传,要在用户面前"刷脸"。

默默做产品,没有宣传渠道,很难真正做大。三只松鼠就是通过全平台投放广告、大量的亏本式营销真正打开了市场,由此可见曝光率的重要性。

流量之战的第二个法则,就是要始终警惕,尤其要警惕来自高频消费企业的产品。什么是高频消费?就是厂家推出的产品在用户生活中需求度高、消费频率高,用户的依赖度高。一旦这样的企业要打压对手,很容易让用户不得不做出取舍。

还是以QQ和360为例,在最开始,腾讯公司和360之间并不是同行竞争的关系，但是，360就能因此不再警惕了吗？当然不能，腾讯一推出QQ保镖，360立刻受到了重创，为什么？因为人们更离不开QQ这个即时通讯工具。所以，QQ就成了相对高频消费的产品，它要打压一个低频消费的产品相对容易。

在传统企业市场上，只要专注做一个产品，在这个领域做到最好，就能成为同类产品中竞争力最强、最不可撼动的一个，但在互联网上则不是。来自流量的打击可能存在于方方面面，在本行业内做到最好，完全抵不过高频消费的冲击，所以更需要时时警惕，最重要的则是增强用户对你的产品的依赖度。

流量之战的第三个法则，就是利润始终在快速递减，所以必须快速迭代，不断创新产品。一种同样的流量模式，在线下产生的效益也是在不断递减的，但是这个过程要比线上慢许多。如果你在线下开了一个门店，你所推出的产品不进行更新换代，也可以在几年时间内获得一定的利润，收回成本并产生不错的收益。在互联网上则不同，可能你刚刚找到一个渠道提高流量、打造爆款，但不需要太久，这个渠道就会慢慢被封锁，"走不通"了，从此产生的效益将越来越低。所以，只有不断地快速迭代，始终推出爆款，才能够在流量之战中获得胜利。

传统企业"信任状"PK 互联网时代"价值锚"

一个产品从生产到销售,整个过程都离不开一个词——价值链。"价值链"概念的提出是在1985年,哈佛大学教授迈克尔·波特认为,企业在生产产品的过程中会进行许多活动,如设计、生产、销售、发行等,这整个过程都是在创造价值,可以被集合归纳为一个系统,也就是"价值链"。进入互联网时代,我们要打造一款爆款产品,最重要的就是要改变价值链,做到始终为用户服务,把用户作为创新价值链的中心。

过去,企业的价值链打造是以公司为中心的,大量的资源和资金都放在打造公司形象、进行企业定位上。这种以公司为中心经营企业的策略,目的是找准"行业定位",各企业只有找准定位,才能够成为在竞争中脱颖而出的代表性企业。

企业的准确定位为他们带来的就是"信任状",这是传统企业发展过程中最想获得的。"信任状"是什么意思?简单说,就是让客户对企业产生信任,这样用户在选择产品的时候就会优先选择该企业。客户的信任来源于对企业产品的认知,所以这是一种认知优势的建立。

在传统市场上,可以说认知比产品本身更加重要,产品做得好不见得是最重要的,让顾客信任你的产品、让顾客觉得你的产品好才是最重要的——

当然，这本身也需要有好产品作为基础。而如何能让顾客信任你的产品呢？这就要将企业做到极致，让客户对你的企业有一个准确的定位与意识。

在过去，我们一想到手机就很容易想到诺基亚，一提起诺基亚就立刻会联想到手机。可以说，诺基亚就是手机厂商中定位十分准确的企业，通过严格的定位，让诺基亚企业与手机产生了密切的联系，最终带来品牌溢价，将企业做出了品牌效应。如此，企业的信任状就打造出来了。

类似的品牌还有很多，如海尔、格兰仕、美的等，无一不是行业内的顶尖品牌。你看到这个品牌时，就会联想到某些产品；一想到某个品质好、值得信任的产品，就会联想到这个企业，这就是信任状带来的效果。

但是在这个过程中，企业为了让用户能对品牌有更深刻的认知，要将大量的精力和金钱投入到广告营销里，更十分重视渠道的选择，有可能反而在用户感受和用户体验上有所疏忽。这就是我们所说的，传统企业一直以企业为中心来革新自己的价值链。而电商，就一定要以用户为中心定位自己的价值链，这被称为寻找"价值锚"的过程。

可以说，打造爆款就先要寻找价值锚。

价值锚在哪里？用户根据产品的哪一个点做出自己的判断，哪一个点就是价值锚。心理学研究认为，人类在对一件事或者某个人做出判断时，往往依据的就是最初十秒内对其产生的第一印象。可以说，第一印象影响了后续所有的思考，价值锚就是我们要找的第一印象。

假如用户会因为产品的外形而决定是否选择这个产品，那么，外形就是这个产品的价值锚。找准了这个点，才能够打造出爆款；如果找偏了，就是定位不准。

九阳电饭煲的成功，就来源于找到了准确的价值锚。九阳公司的产品人员在销售电饭煲的过程中，发现了一个非常有趣的现象，基本上大部分用户在选购电饭煲时，都喜欢将电饭煲的内胆拿出来掂掂重量、摸摸厚度。也就是说，用户在判断电饭煲好坏的时候，往往习惯将内胆厚度、重量作为一个评判标准。在这里，内胆就成了产品的价值锚。于是，九阳推出了一款铁釜电饭煲，以厚重的内胆为营销卖点，果然这款电饭煲成为了深受顾客喜爱的爆款产品。

由此你会发现，一个爆款的成功，必然是找准了价值锚，找到了用户评判产品的出发点，这样才能够更好地打造爆款。所以，做电商必须要从用户出发，以买家为中心去打造产品，这样才能抓住他们的心。

打造价值锚要分三步走

打造价值锚一定要分三步走，这三步分别为——寻找痛点，做到让用户尖叫和注重用户体验。这三个步骤都是从用户的角度出发，这也就是我们之前说的，一定要做到以用户为中心打造产品。

首先是寻找痛点，什么是痛点？让用户愤怒的、有负面情绪的点，就是痛点。当用户购买了你的产品之后，发现在使用过程中有许多令自己不适的地方，往往就会产生负面情绪。比如，用户购买了一个皮夹，发现百元大钞无法平整地放入其中，一些用户就会产生不满，这就是用户的痛点。而痛点往往就是产品要改进的方向，如果能将用户的痛点解决，就相当于发泄了他们的愤怒，就会让用户产生必须购买的想法。

小米手环刚刚推出市场时，以30天充一次电的卖点迅速打响，这就是找到了手环产品的痛点并解决的典型案例。目前，用户对于运动手环最大的不满来自于哪里？不就是电容量太小、必须频繁充电吗！这个问题可能会让用户产生不满或者厌烦的情绪，而解决这个问题，就是抓住了用户的痛点。

在营销过程中，不仅解决痛点，还要特别点出痛点，先戳痛用户，再宣传自己的产品，就相当于告诉用户，我的产品可以让你不再心痛。有痛点的用户自然会主动购买，这就是现在互联网上非常流行的痛点营销。

我们还是以九阳的铁釜电饭煲为例,来看看该企业在打造产品的时候是如何寻找痛点的。最开始,产品人员走访调研了大量的使用者,通过对调研结果的分析,他们发现了一个问题——家庭主妇们在使用电饭煲时,常会产生一个普遍的不满,那就是电饭煲蒸出来的米饭味道不好。对于这一点,顾客们的意见是,如果能有一款产品既有电饭煲的方便又能蒸煮出过去铁锅饭的口味,那就再好不过了。也就是说,在电饭煲这个产品上,用户的痛点是电饭锅煮的饭口味不如铁锅煮的饭。

基于这个要求,产品人员就尝试研发出一款新的电饭煲,以找到铁锅煮饭的味道,这就是在解决用户的痛点。

在找到痛点之后,就要实施打造价值锚的第二步——让产品令用户尖叫。这样的产品,一定要比顾客的期望还要好一些,顾客才会产生"原来还有产品可以这样好"的想法,也就是产生了尖叫点。

要做到这一点比较难,尤其是在电商刚刚起步的时候,想让自己的产品令用户尖叫,就意味着可能要投入大量的成本,毕竟成本低廉的产品大都意味着质量不会太高,质量不高又怎么能让用户尖叫呢?如果你面临这样一个矛盾,没有足够资金做出极致的产品,那就要做到让你的产品在性价比上超出用户的期待,也就是说,让用户觉得"产品的质量虽然还不是特别好,但是以这个价位购买到已经非常值得了"。当然,如果有可能最好还是真正去打造超出顾客的期望的产品,这样的产品,才能成为真正意义上竞争力强的爆款,而前述只能说是有成为爆款的潜质。

不管从哪个点出发,一定要有一个点让你的产品令用户满意,甚至超出期待度。九阳电饭煲在打造产品的时候,就从一个点入手让产品做到了令用户尖叫,那就是将产品内胆做到极致。九阳将电饭煲的内胆做成铁胆,解决用户的痛点，然后加重了内胆的重量，将它做到3.1斤。在当时的市场上，电饭煲的内胆普遍重量是2.6斤左右，将它升级到3.1斤，会让电饭煲明显有更厚重的感觉。

为什么要做到这一标准呢？因为我们前面已经说过了，厚重的内胆是顾客选择电饭煲时的一个价值锚，从这个点入手，将它做得比同类产品更好，就是让产品超出了用户的期望值，也就打造出了令用户尖叫的产品。

打造价值锚的第三步则是重视产品的用户体验。一定要记住，这种用户的体验必须是直观的、可感知的，让用户第一眼就能看到产品的价值，这是做电商企业必须注重的一点。因为，电商的产品不像线下的产品那样，可以让用户在购买时就直接获得了解和体验，所以，做到外表上的第一眼价值和品质很重要。

九阳电饭煲在打造价值锚的时候就非常注重第一眼品质，比如在设计电饭煲内胆时，技术人员曾表示，将其严格控制在3.1斤是非常困难的，希望能够减轻内胆的重量。但是最终这个提议并没有被通过，企业还是决定将内胆重量严格控制在3.1斤，并且在宣传的过程中多次强调这个数字。

为什么要这样做？因为通过3.1这个数字，用户可以直观地感受到九阳电饭煲的内胆比其他电饭煲的内胆更加厚重，从而让用户产生"看上去品质就很好"的想法，这就是第一眼品质。而且制作电饭煲时对内胆重量的坚持，也是注重用户体验的一种表现。

以上所说的打造价值锚的三个步骤，我们还会进行更仔细的介绍，让你可以轻松地理解如何打造爆款。

第四章
做产品,要找痛点、挠痒点

什么才是产品的"痛点"

在之前,我们已经介绍了什么是痛点。痛点就是用户在使用产品时所产生的不满,尤其是刚需的产品,如果用户的需求无法得到满足,这种痛点就是更加极致的,一旦能把握住就将成为爆点。

但是,产品的痛点却并不好找。因为很多时候,企业眼中的痛点和用户眼中的痛点并不相同,所以想真正抓住痛点是非常不容易的。举个简单的例子,曾有一个以麻辣小龙虾为主打菜的餐饮企业想对麻辣小龙虾进行创新,将它打造为自家饭店的爆款。在进行简单的调研之后,他们发现,用户在选择小龙虾时最大的不满就是小龙虾不够干净,就是说,这可能是麻辣小龙虾的痛点所在。

于是,他们精心地甄选了小龙虾的品种,选择最干净的小龙虾并开展了现场试吃的活动。但是真正进行活动的时候,他们才发现,顾客的反馈信息里,最大的痛点应该是小龙虾很好吃却吃起来很麻烦。也就是说,这家公司眼中的痛点和用户眼中的痛点产生了偏移。出现这种问题,往往是因为公司过于以自我为中心,而忽略了真正走近用户,解决用户的问题。

后来,这家餐饮企业发现,自己在寻找痛点时出现偏移的最大原因,是他们在做调研时并没有真正做到和用户面对面,而是非常有距离感。过于仔细的调研让用户感觉到自己在接受面试，甚至是审判，这种心态的产生直接影响了调研结果的真实性；而仅进行文字调研，没有让用户真正去体验产品，用户就很难根据切身感受提出建议，凭空想象的结果总是不够真实的。总之，这家企业没能完全做到以用户为中心。

产生偏移的另一个原因，是企业对客户群的判断并不准确。事实上，会选择吃麻辣小龙虾的客户，大部分都不太介意"小龙虾不干净"这一点，而有此痛点的用户，基本上也不会主动选择吃麻辣小龙虾。也就是说，干不干净这个问题，不是麻辣小龙虾的主要客户群的最大痛点。

把麻辣小龙虾做得干净，也许会吸引一些以此为痛点最终放弃吃小龙虾的客户，但是，对于主要的客户群来说，他们的需求还是没有得到满足。所以，在调研时，准确的客户群定位也是非常重要的。再举个简单的例子，假如你想研发一款新的孕妇产品，自然要针对正处于育龄期的女性来寻找痛点，而其他年龄的女性以及男性都不是你需要关注的客户群，从他们那里获得的信息显然参考性不高。

所以，想找到用户的痛点，绝对不能闭门造车，企业的自以为是，很容易造成与真实的答案的偏离。

首先，要真正确定自己的目标用户，定位准确的用户群体，这对我们寻找痛点来说有很大的帮助。其次，要深入了解用户的需求和习惯，不要自以为是地去判断用户的需求，这是非常忌讳的一点。如果你能做到"用户没有这个需求，但我们将其挖掘出来，让用户产生痛点"，这也是非常好的，这说明你已经有了创造痛点的能力。不过，如果你认为自己还不能做到，最好还是从用户出发，了解他们的习惯，去真正寻找他们已有的尚未解决的痛点。

除此之外，你还要了解，当产品打造出来之后，用户解决了自己的痛点，会有一个怎样的满意度。这就是说，你应该对你的产品能超出用户期待的程度有一个简单的认识，这样你才能够准确地定位产品的销售。

电商买家的"痛点"怎么找

作为一个电商企业，我们在做天猫、淘宝运营时最大的问题，就是在找用户痛点上缺乏自己的渠道。对线上企业而言，与用户面对面进行交流的机会较少，直接收集用户对产品的反馈也比较麻烦。此时，我们就应该充分利用销售流程当中每一个与顾客接触的机会，从中寻找买家的痛点。

首先，就是把我们自己当成买家，站在这个角度去体验产品，感受产品的痛点。作为一个卖家，我们对产品肯定会有先入为主的认知，如果只对产品进行简单的体验，肯定无法挖掘出痛点，所以，应该反复、长期使用自己的产品。在使用过程中，你最应该注意的是，哪些地方让你感觉不舒服，哪里你觉得还能再改进，不要过多关注那些让你满意的地方，不要忽略那些让自己不太满意的细节，否则很容易产生自满情绪，对产品有错误的过高评价。

第二点，要积极地收集用户购买产品后的评价和反馈。在淘宝系统里，买家的评价会根据关键词进行分类，比如"有图""追评""质量好""没有色差"等，这些关键词都因为出现次数较高而被整理收集起来，成为一个搜索标签。我们作为卖家，要做的就是更细致地关注这些搜索标签，买家评价中高频出现的负面反馈，往往就是产品的痛点所在。做到重视买家的评价，根据买家的意见来改进产品，可以说是最简单而且不容易有失误的痛点法则了。

这一点，三只松鼠就做得很好。三只松鼠所打造的松鼠云平台，就是对买家的评价进行收集，对好评率的分析可以具体到每一个产品。企业的工作人员，每天都会在买家评价中收集1%的反馈，并反馈给供货商。这样，供货商就可以根据用户的意见，改良自己的产品，也方便三只松鼠调整自己的产业供应链。这个过程中，用户的参与感也变强了，当能体验到自己反馈的问题得到了改善，客户对三只松鼠这个品牌就能产生更强的信任感，对品牌的忠诚度自然也会提高。

所以，了解用户的反馈是非常重要的寻找痛点的方式。一定要了解清楚，对用户产生的困惑和出现的问题要格外重视。事实上，大多数买家在使用产品之后，都习惯直接将自己理想的解决方案告诉卖家，直接给出参考意见，而不是讲述自己在使用时的习惯和容易产生的问题，然而，买家的日常使用习惯、买家为什么会有意见，对企业来说才是最重要的——这才是痛点，才能让企业针对痛点去进行改进。所以，这样的痛点还是需要卖家自己去发掘，最好能定期抽取有意见的用户进行交流，收集用户更加细致的反馈。

第三点，则是加强对客服的培训。作为管理者，要经常与客服人员进行沟通。在电商平台上，客服可以说是销售过程中最基层的工作人员，许多企业的管理者都不大重视对客服的培训，经常有客服连产品的特点都描述不清，出现一问三不知的情况。而对客服的不重视，其实就是对用户的忽视，因为产品在销售的过程中，唯一与用户有密切接触的环节就是客服。所以，做电商企业，应该多与客服人员进行沟通，并且对客服有更严格的要求。

作为管理者，可以让客服留意，用户在购买前最频繁提出的问题是什么？有什么信息是顾客想了解，但是产品说明上并没有表现出来的？什么回答最容易让顾客产生购买行为？什么问题让顾客打消了购买行为？这些信息，都是客服最为了解而企业的管理者可能不够清楚的，而通过收集整理这些信息，我们能清晰地知道留住买家的点到底是什么。

以上这三点，就是在做电商时发现用户痛点的最简单途径，当然，以其他的方式辅助，我们可以更好地找到买家的痛点。

从小米手环看,如何才能击中"痛点"

2011年,小米通过一款手机打开了整个智能手机的"低价格"市场,将"屠刀"挥向了价格高昂的智能机。之后,小米又将这个模式复制到了运动手环上,引发了另一场震动整个智能手环市场的"地震"。

这款依旧以高性价比作为卖点的产品一经推出,在十个月的时间内就狂销600万个,可以说是小米生态圈中打造出的最大爆款。小米是如何打造出这个爆款的呢?大家为什么都选择小米手环呢?我们要从这个手环的定位出发,去了解一下它解决了用户的哪些"痛点"。

小米手环发布的时候,重点强调了产品的这样几个特点:

1. 有了手环,手机解锁再也不必输入密码。
2. 手环可以监测你的健康情况、监控睡眠,还能让闹钟的唤醒功能更加"温和无痛"。
3. 能达到最长一个月的超长待机。
4. 售价仅为79元。

看到以上四个特点,你找到小米手环解决的痛点了吗?对大多数用户来说，第二个特点可以说是运动手环的"共性"，不存在太大的特殊之处，也就不能带来竞争力；第一个特点可以说是创新，能够吸引一部分有需求的用户，但不能做到将其带动为爆款；而后两点解决的问题才是用户的痛点所在，而且是肉眼可见的、能够立刻感知到的被解决的痛点。

而从小米解决用户痛点的过程中，你会发现它一直从用户的角度出发，敢于向自己下狠手。

方法一：将痛点解决到极致

在运动手环的市场上，待机时间一直是人们的痛点。事实上，自从电子产品智能化开始，"待机"就一直是人们眼中的痛。

我们现在已经习惯了智能手机"每天一充电"的特点，但是不知道大家是否还记得，当智能机刚刚推出市场时，有多少人因为这个"痛点"宁愿选择最普通的、可以待机两周的老式手机，也不愿意选择智能机。后来，因为市场的快速迭代与淘汰，人们被迫适应了智能机的充电习惯，但是这个痛点只是被人们强忍了下来，从来没有消失。

没有厂家试图解决这个痛点吗？当然有，新型电池的研发一直是厂商最舍得投资的方向之一，但是现有的技术无法达到。即便如此，只要技术上有一点点进步，厂商都愿意将其作为卖点来推销，比如OPPO宣传了很久的"充电五分钟，通话两小时"，可见人们在电量这个问题上有多"痛"。

可以预见，当未来有技术可以将智能手机待机时间大幅度提高时，掌握此技术的厂商将会迎来一个井喷式的春天。而小米手环似乎就迎来了自己的春天——它将运动手环的待机时间延长到了30天。

小米手环的负责人表示，事实上手环的待机时间还可以更久，他们是以待机三个月作为标准来研发的。也就是说,他们在打造手环的时候,就以"将痛点解决到极致"为出发点。我们在做产品的时候也要如此,既然发现痛点不容易,那一旦发现了,就一定要将其解决到极致,让痛点能够转而成为产品的最大竞争点。如果你不能在解决痛点这个问题上做出较为有效的成果,即便稍有改进,也不能带来竞争力。

举个简单的例子,如果别人的手环能待机一周,而你推出的智能手环可以待机8天左右,这就不能算是有较强竞争力的解决方案。没错,你是在解决痛点,但你的优势并不明显,不能让你的产品在与其他产品的较量上脱颖而出。所以,要做痛点改进,就一定要做到极致,对用户产生"冲击感",这样他们才会对你的产品有所倾向。

用俗话来讲,这就是"要么不做,要么做到最好",下决心去打造有竞争力的爆款,就一定要在痛点问题上做到最好,不然可能会耗费大量的时间精力,却难以得到足够的利润和收效,甚至可能不赚反赔。要记住,在电商市场上,最忌讳的是做什么都不上不下,一定要有至少一两样能让你"上"才行。这也是为什么大量网店不惜成本去做营销,却只营销一两件产品的原因。你会发现,一些新店铺上架的产品中,只有几样有上百、上千的短期销量,其他的产品则只有几件的销量。这就是典型的针对几个产品进行了营销,看似对店铺没有什么好处,事实上则带动了店铺的曝光率,让整个店铺的产品都获益。短时期也许看不出效果,但长期则有明显的收效。

做产品也是一样,产品的卖点绝不能全都不上不下,泯然于市场,一定要有一个"上",小米手环里,超长待机功能就是一个"上"。

小米手环这样超长的待机功能,就是在极致的打磨之下才做出来的。团队在解决"省电"这个问题上,设计了大量的备选方案,对每个方案都进行了检查和验收，比较哪一种芯片设计方案能最大限度地节省电量，耗费了大量的时间、精力。

不下苦功夫，你是没办法做出真正爆款的。在竞争激烈的市场上，一个容易寻找的痛点必然意味着有许多人想着手解决，所以能让我们产生竞争力的方法，就是选择难以解决的痛点，或者是寻找难以被发现的痛点，不管是哪种选择，都需要付出大量的精力。

只有将痛点做到极致，你才能将产品打造为爆款，甚至成为常销的畅销品，延长产品的生命周期。只有做到极致，才不容易被赶超、替代，只要没被替代，就一直可以在市场上拥有一席之地。

方法二：一针捅破天

小米手环解决的第二个痛点则是价格，也就是它的第四个特色——"售价79元"。在当时的市场上，尚未有一款好的运动手环价格低于100元，而小米一下子将手环的价格拉到了两位数，立刻就成为了让市场震动的"痛点"。事实上，最初小米手机采取的也是这个策略，以低于2000元的超低价震撼了市场，搅乱了整个智能手机市场的"浑水"，并成功摸到了鱼。

价格，几乎能成为所有产品的痛点，这是一个不需要特意去寻找的、而且永远存在的痛点。在同等质量下，价格越低的产品越有竞争力，你能将价格拉低，就是解决了痛点，而当你将价格拉到低水平后，只要有可以再低的空间，它就依然是一个痛点，这个痛点不需要我们特意去找。

但是，打低价格战并不容易，因为利润就那么多，如果你的价格拉得太低，就没有足够的收益了，也就是"赔本赚吆喝"，卖得多并不意味着赚得多。而且，搅乱市场的后果是严重的，要有承担这些多重影响的勇气和魄力,你才可以去打价格战。

小米是很擅长打价格战的,在这个"痛点"的解决上,它堪称是"一针捅破天",能够用"定价"这一个点,将整个市场都带活。之所以有这样的底气去打价格战,是因为小米很舍得精简价值链。

没有线下门店的小米,最先解决的成本问题就是多级代理。以这种网络直销的形式,它就省下了中间商赚的差价。然而这并不是压低价格的唯一途径,对产品成本的严格把关,才是小米能压低价格的根本原因,而要做到这一点并不容易,需要在各个方面监控。

降低产品成本,首先就是精简生产线,让不同的加工商代理某几个单一零部件,然后给予他们大订单。我们都知道,批发比零售成本低,为什么?因为走量就会压低单个产品的成本,所以,做量大的单一产品会比做多种产品更有利润,而生产线上更是严格贯彻了这一点。一个成熟的生产线成本很低,如果加工商可以只做一个零件,但是每个月都做几十上百万个,这个零件的分摊成本就会降低,而且质量会提高、良品率会上升,平摊下来后成本更低。

良品率低有时甚至可以影响一个产品的成败。你做10个产品,良品只有1个,那剩下的9个就都属于耗损成本;如果你做5个产品,良品有3个,不仅利润多,而且耗损成本还低。而提高良品率的关键在于成熟的生产线,所以让代理商做大批量的单一部件,是非常明智的选择。

同样,让产品能够大批量地稳定销售,也能降低它的成本。可以说,产品卖得越多,价格就越低。这也是为什么手工产品价格昂贵的原因,仅此一个,自然成本极高。

除此之外,降低产品成本还需要严格把控每个细节,不做无谓的消费。

在制作小米手环时，负责人就从方方面面入手，将成本细节分析得极为透彻。也就是说，负责人对每个需要"花钱"的地方都进行了了解，然后选择了所能选择的最低成本。仅仅是小米手环中使用的电池，负责人就在场地租金、零部件成本和人工费等多方面精算，最终将电池成本定位在5元左右，而其他国外厂商所使用的同类电池，成本多在13到15元左右。小米手环最终定价79元，如果选择国外厂商的电池，在定价上就一定会受到制约，绝对不能如现在这样"极致"。

能这样对成本下狠手的企业不多，所以小米才能在一个成熟的市场中实现"毛头小子"的逆袭。我们要做爆款，也许无法像小米这样做到极致的狠，但完全可以尽自己的所能去做，只要敢于对成本下手、对产品下手，你的爆款战略就已经走出了第一步。至于能够产生多大的收效，就要看你"下手"的觉悟有多强了。

方法三：注重细节，一丝不苟

解决痛点的第三点，就是注重产品的细节，做到一丝不苟。产品的细节往往决定着产品的品质，就像我们在买包的时候一般不看皮革而看五金一样，一个好的产品可能大体上看与普通产品没什么区别，但是其一丝不苟的细节绝对是超出普通产品的。细节做好了，就能赢得更多消费者的心，因为这也是一个潜在"痛点"，或者我们可以将其称为"痒点"。

为什么是"痒点"呢？细节做不好，一些消费者并不会因此觉得"愤怒""失望"和"心痛"，但是将细节做好，他们则会产生一种满足感，就像被人挠到痒处一样，这就是仅次于痛点的痒点。如果做不到抓住痛点、单点绝杀，那么就去打磨产品的细节，让它能成为让用户"发痒"的商品，同样可以从其他产品中脱颖而出。

注重细节还能让自己的产品显得格调十足，让它"看起来很贵"。就像我们之前说的，看一个包是不是够"贵"，不看皮子看五金，能把五金做好还价格较低的皮包，就可以以"性价比绝高""买不了吃亏、买不了上当"为口号营销，对此，顾客只会赞同，不会认为是虚假广告。

在通过细节彰显格调这一点上，苹果做到了极致。就拿包装盒来说，苹果的包装盒可以做到每一个都大小正好，即便盒子没有密封，在合上盖子的情况下，你也很难通过两只手暴力地将它直接拽开，这就保证了产品不会从中掉落，而抓住盒盖向上提，盒子就可以缓慢地被打开。做到这一点，就是利用了盒子的密封性和内外压，盖子与内芯的大小尺寸做到了不差毫厘。如此一个细节，足以彰显"工匠精神"，让人感受到产品的质量。

小米在细节的打造上也是尽自己所能的，就拿小米手环来说，虽然在一些零件的成本上做到极致压低，但是有些零件的使用他们却"大手大脚"，专门挑选最贵的品种。

手环的腕带，他们采用了美国进口材质，用的是原本只做奶粉勺的塑料，可以达到无毒害、减少过敏的效果。这是因为一些容易过敏的买家曾经因为运动手环的腕带过敏，导致当时的手环厂商Fitbit召回了一批产品。针对这个问题，小米进行了严格的品质把关，尽量做到让细节精致。

小米习惯让不同的代理商做大批量的单一部件，通过培养成熟的产品线让自己的产品变得更加极致，这也是一个提高细节质量的方式。古代有一个关于卖油翁的故事，说一个卖油翁有一手绝活，能够在倒油的时候让油从铜钱的孔隙里穿过，油倒入壶中而铜钱上一滴油不沾。别人问他是怎么做到的，他说："无他，唯手熟尔。"没错，就是"唯手熟"，电子产品的产品线也是如此,越是"熟练",越能将品质打磨到极致。而每一个新产品的制造都需要有很长的磨合期,这也是电子产品在推出时,第一批往往有各种小毛病的原因,因为产品线还没有磨合好。

所以,想让细节变得更精致、品质变得更高,就一定要培养成熟的单一产品线。这不仅可以压低成本,还能提高质量,是我们在打造产品时可以借鉴的重要法则。

第五章
将产品做到让用户尖叫

没有品质的营销做不出爆款

在进入电商时代之前，一个企业想获得成功，首先要打造的就是口碑。好的口碑是一个企业立足的基础，代表了消费者对其产品的认可。有好的口碑，才会有人愿意掏钱购买。而在当时进行口碑的宣传也相对简单，就是利用传统媒体如报纸、电视等做广告，打响自己的产品，接下来就可以坐等消费者来购买，然后树立自己的口碑。

但是随着市场越来越复杂，你会发现，一些过去有好口碑的品牌逐渐消失了。消费者提起它们的时候还是会用赞许的语气，但是生活中却不见得会购买这些品牌的产品了，这到底是为什么呢？答案是，营销没有跟上。

所以，在相当长一段时间里，人们认为互联网时代是"营销为王"的时代，不管你的产品有多差，只要有个好的营销人，一样能够找机会卖出去。然而，事实上真的如此吗？

实际上，在市场逐渐成熟的现在，单一的营销已经不能获得有效收益了。如果你的成本都放在了营销上，而没有注重产品的打造，虽然可能迎来一波"不明真相"的顾客，但当他们"不满意"的反馈传播开后，这个产品后续的发展就基本上被封锁了。

没有产品的营销，被我们称为"传销"，而没有好产品的营销，也只比传销好了那么一点。它给企业带来的好处只能是昙花一现，对真正打造一个品牌、一个企业毫无益处，甚至会带来负面影响。以品质营销、以口碑营销，才是企业长久发展的根本。

有一个常年冷清的咖啡店，每天咖啡店里都没有几个人，就算有人进去，往往也只是点上一杯咖啡，占个位置来做自己的事情。为了让自己的咖啡店有更多的客流量，老板搞了不少活动，隔三岔五"买一送一"，逢年过节还会在门口发放免费的小蛋糕、小杯咖啡等吸引顾客。可是，除了活动期间人可能稍微多一些外，根本没有吸引更多的顾客。这是为什么呢？

进入咖啡店体验了一下就能发现，店里的咖啡还是几年前的那些种类，可选择性很小，配套的茶点也不新鲜，可能是前一天没卖完接着拿出来卖的。产品的质量不佳，这样的店铺就算是投入再多的广告和营销，也无法被带动起来。

在互联网时代做电商，我们跟消费者之间的关系远不是过去那样，现在企业和消费者之间的信息交流是很简单的，也非常密切。举个例子，淘宝现在有了"提问"功能，有购买意向的买家可以随机选择几个已经购买的买家提出自己的问题，了解产品的情况，此时产品好不好，就不是只由卖家的一张嘴来描述了，这已经形成了一个从买家到买家的信息传递的过程。如果你的产品不令人满意，提问的买家能得到推动他购买的答案吗？显然不能。而我们损失的显然不只是这一个买家，其他潜在的用户看到这样的信息之后，也会重新考虑是否购买。

这就是为什么淘宝卖家都十分重视中差评，任何一个中差评，都有可能暴露产品的一些问题。然而，采取各种各样的手段求好评、删差评，都不是做电商的根本之道，只要将产品做好，你还担心没有人替你宣传？你还担心自己得不到足够的好评吗？

所以，做电商更要打着营销的旗号而注重产品的品质本身。和传统的买卖过程不一样，电商平台反而是一个"照妖镜"，产品好不好，只需要一个买家的评价，就能让所有人都看到，这种信息传播方式比在线下要快速、广泛得多，所以更需要注重产品品质。

原则一：做产品就是在做减法

我们常说要做让用户尖叫的产品，什么样的产品可以让用户尖叫呢？一定是足够好的、能让用户产生极致满足的产品。对挑剔的用户来说，要做到这一点可不容易，但是一旦做到了，你就收获了一个粉丝——没错，不仅仅是用户，而是粉丝。

粉丝是最容易尖叫的群体。在看到自己喜爱的明星时，粉丝会不顾一切地激动尖叫，这是因为他们对这位明星有充沛的情感，而这种情感在喜爱的对象站在自己面前时，就得到了最大化的激发，获得发泄点，所以他们就会尖叫。做产品也是一样，要想让用户尖叫，你就得做出"明星"产品，这样才能带来极致体验，让用户对产品产生感情和依赖。

做出"明星"产品并不容易，首先要把握的原则就是，始终做产品的"减法"。首先是产品的品类要做"减法"，就像我们之前在讲"单品为王"时说的，一个爆款的产品线一定要宁缺毋滥，做到"大单品"，绝不能推出过多的品类来分散消费者的注意力，这样反而会让你的产品失去"锐利"感。

当你用同样的力去对待一个生鸡蛋时，如果将力放在一根手指上，鸡蛋很快就碎了；如果将力放在手掌上，去捏一个鸡蛋，不管用再大的力气鸡蛋也碎不了，因为你的力气被分散了，被抵消了。做产品也是这样，要有一个能"捅破"市场桎梏的点，就必须要做到专注。

在智能手机时代到来之前，主流的手机厂商每年都会推出大量的新机型。那时如果说将来有一家公司只靠一款手机就能占领市场，绝对会被当成笑话。为什么？因为企业认为，消费者的口味和倾向是复杂的，所以要为他们提供多样化的选择，可以选择的种类越多，企业就能占据越多的市场。

但他们没有想到，不久后的苹果公司就靠一年一款手机的策略打下了手机市场的半壁江山。事实上，过多的型号只会让用户眼花缭乱，根本记不住，过于繁杂的产品线还容易让品牌的存在感和特色变得模糊。现在提到苹果手机，我们会立刻想到"iPhone"系列，尤其是可称为一代变革代表的"iPhone4"，可提到诺基亚、摩托罗拉，除了那些资深的粉丝，普通用户是不是只能想到一个笼统的品牌代称，而很难想到具体的型号呢？

正因为产品线太过复杂，反而容易让用户对品牌的认知变得模糊，这就是将"力"的作用分散了。而苹果则是"专注"的企业，所以它的每一代产品都能在人们心中留下深刻的印象。产品的存在感强了，被选择的可能性就大了。

除此之外，过于繁杂的产品线也不利于企业在生产、制造和管理等方面的革新，容易造成不必要的负担。因而，减少产品的种类数量，可以给企业的效率带来巨大的提高，这是非常重要的事。

除了在品类上做减法之外，还要在产品特点上做减法。一款能够得到绝大多数用户赞美的产品，往往只有两个类型的特点——要么将方方面面都做得明显比别人好，要么就是将一点打造到极致。前者没有长期的技术储备和极大的毅力耐心，是很难做到的，一旦做不到方方面面都好，就会立刻"泯然于众人",相对而言,后一种类型的特点则比较容易达到。

所以,大多数能让用户"尖叫"的产品,都奉行"一针捅破天"的原则,在产品特色上做减法,然后将其做到极致。举个例子,假如手机的分辨率、相机像素、运行速度等都很重要,每一个都可以作为一个"痛点",那你应该怎么打造产品呢?这时,务必要抓住其中一个点,将其做到极致,然后让剩下的点"不拖后腿"即可。有些厂商非常"贪心",总想将产品做到方方面面让人尖叫,但是结果就是"尖叫点"太多,精力被分散,导致每一个点都没有做好。

但专注于一点则不同,投入同样的精力专注解决一个问题,更容易让产品在这个点上得到大幅改进,用户就会产生"还能达到这种效果""竟然能这么棒"的概念,而这一个引起用户惊叹的特点,就足够带动你的产品了。

所以,突出放大一个产品,突出放大产品的一个特点,是做"尖叫"产品的最基本原则。

原则二:做网店,更要注重用产品塑造口碑

作为定位于电商平台的企业,我们要做让用户"尖叫"的产品,就一定要注重第二个原则,那就是在用户中有好的口碑。在大多数情况下,一个质量好、能让用户"尖叫"的产品,口碑一定是不差的,但是在互联网上却不一定符合这个"常识"。仅做到让产品有可以令人尖叫的品质还不够,还得让用户产生"我应该尖叫"的感知才行。

可以说,做电商,感知比产品更加重要。我们之前强调的第一眼品质也是如此,品质很重要,但是第一眼就让用户感知到"品质好"更加重要。所以,我们一定要先有产品,然后再有意识地去塑造口碑,不要止步在推出产品这一环节。然而的确,想让你的产品自动带来口碑,实在是有些艰难。

让用户感知到产品的好,一定要利用好互联网上的"传播"效应。之所以在电商平台更应注重口碑,正是因为互联网上"口碑"的传播速度实在是太快了,今天A家的店铺售卖了假货,明天就有可能在买家群体的圈子里成为大新闻,口碑的崩毁只在一瞬之间。但是同样,只要我们能利用好口碑的传播效应,在线上塑造口碑也比在线下容易得多。

主动将你的产品推广给用户,就是塑造口碑的好办法。小米在发布MIUI系统的时候,就曾经找体验者免费试用,这就是一个主动推广产品的做法。最开始的推广可能是一个只投入成本、毫无收获的阶段,但只要你的产品做得好,是一个能让用户"尖叫"的产品,就一定能带来滚雪球式爆发的口碑,这是一种无形资产。

小米的系统就是如此,从一开始的100位体验者,到手机发布前的150万用户,这个爆发式的增长是令人难以置信的。此时,你的产品好坏就完全交给市场来检验了,这又回归到了以产品塑造口碑上。

所以,以产品塑造口碑是对的,我们还需要给它一个"推力"。现在电商平台上的免费试用、一分钱试吃等活动,不仅让利于消费者,更是一个利用产品塑造口碑的过程。"活动"本身就是给产品的一个推力,它能聚集消费者,但你的产品能不能接受住市场的检验、赢得口碑,并把前期成本转化为利润,就得看产品的质量了,也就是看它能否让用户"尖叫"。如果你的免费活动不舍得投入,产品也只选择价格低廉、使用感差的,消费者就会自动给它打上"白送我才会考虑"的标签,这个感知一旦定性,反而对后续的销售毫无好处。

那什么样的产品才会让消费者在体验时感到满足,能够主动为你塑造口碑呢？好的产品不一定能带来口碑，廉价的产品也不一定能带来口碑，甚至物美价廉的产品一样可能被消费者忽略，只有一种产品能树立口碑，那就是能让消费者产生"超出预期"感受的产品。这种惊喜感，是非常有冲击力的。

超出预期的体验，会让消费者"自己很满意"的这个感知放大，而对产品的感知是奠定产品口碑的基础。以前京东做活动时，创始人刘强东就常常会体验快递员的工作，亲自将快递送给用户，这就给用户带来了"惊喜点"，他们会发现收快递这个行为超出了自己的预期，所以满意感就放大了。其实，快递还是那个快递，送来的时间也还是一样的，服务体验都差不多，但用户对京东的评价会上升，口碑也就随之而来。

如果你不能让产品超出用户的预期，那带来的负面影响也是很大的，虚假广告的后续不良影响就是典型的例子。在淘宝上购物，用户经常会根据产品详情中的图片描述来判断产品好坏。但事实上，大多数图片都是经过精心PS的，绝对比实物显得品质更好，这就会给用户一个过高的预期，而拿到实物之后，那种失望之情绝对会影响对产品本身价值的评判。也许，这个价位买到的产品已经可以用"超值"来形容了，但是因为图片的误导，让用户产生了"更超值"的预期，对比之下的落差就极容易伤害品牌口碑。这样一来，就算你让利于用户，推出了性价比高的产品，用户也不会买账。

再举一个例子，淘宝上商家为了让用户有超出预期的体验，可谓是花招百出，营造各种"惊喜感"，买家购买了一件商品，商家附赠小礼物就是其中一种手段，这能让顾客产生惊喜。但是时间久了，所有的商家几乎都会这样做，此时，"买东西有礼物"就进入了顾客的预期中，也就是说有礼物不会惊喜，没有礼物反而会失望了。这就是顾客预期在不断升高的过程，电商平台上,这个过程是始终存在的,可以说淘宝、天猫的买家们预期一直在升高,我们也要不断根据他们的想法调整策略,做到始终有惊喜。

由此可见,让用户超出预期是用产品带来口碑的重要法则之一。

原则三:快速迭代才是淘宝产品的本质

要打造让用户尖叫的产品,一定要让产品超出用户的预期,也就是让产品给用户带来惊喜感,这就意味着产品必须要时刻保持"新鲜度"。一个持续售卖的经典产品可能是口碑产品,但它能给顾客带来的惊喜感也会随着时间的流逝慢慢减少。当口碑已经打造出来,无须再进行口碑传播时,一旦惊喜感减弱,这个产品就会从最蓬勃的成熟期走出来,开始走向衰退期。

在电商平台上,这个过程更加快速。如果有一个不想放弃的好产品,想要将这个爆款的生命周期延长,让它始终能让用户"尖叫",该怎么办呢?这就要做到快速迭代,不断更新你的产品,每次都能带来新东西,也就能持续给用户带来新鲜感和惊喜感了。

这就是现在互联网企业中常提到的"小步快走、快速迭代"。一次迈一大步,迈一步就停半天不是淘宝做产品的法则,时常有进步、频繁更新,时刻让市场检验你的产品,不断给用户带来新东西,这才是淘宝产品可以长寿的秘诀。

纵观现在市场上的产品,你会发现靠"一招鲜、吃遍天"行走市场的产品越来越少了,就算是各大企业的经典款,也会进行不断改良并推出一代、二代,频繁根据用户的需求进行修改,这就是一个快速迭代的过程。在这个理念下,产品将不断重复"推出市场—得到反馈—下架修改—再次推出"的过程,每一次"升级"的周期都很短,每一次都是接收到用户反馈后迅速改进，这就是典型的快速迭代方式。

用这种办法处理你的爆款，可以让产品和用户之间得到最好的平衡，产品不至于因为时间的流逝而走入真正的、无法挽救的衰退期。而要做到产品的快速迭代，一般要注意三方面的问题：

1. 产品的成本相对较低，进行不断修改、研发和迭代的投入较少，而且版本更新速度很快。

2. 在产品推出之前，你并不了解用户真正的需求，所以快速迭代也是对市场的一种"试水"。如果用户已经有了需求，就需要将改进立刻体现在产品中，不要将它计划到下一次的修改中。也就是说，这一次发现的问题就要这一次改进，别把它留到推出"二代品"的时候再解决。

3. 快速迭代不意味着将不成熟的产品推向市场，如果你的产品还没有进入市场的准备，一定要将其做完整再推出。

快速迭代产品，本身也是一种抢占市场的行为。比如A公司和B公司同时有一个项目，项目内容还是类似的，A公司将项目做得差不多时就推出了市场，之后又根据市场的反馈推出了修改后的二代、三代产品，每一次都有惊喜，从而成功建立了与用户之间的密切联系，"用户黏性"很强。而B公司则不同，他们致力于将产品完善到最好再推出，于是当他们的产品推出市场时，就只能从A公司占据的优势中抢夺资源了。

互联网瞬息万变的环境告诉我们，应该要选择A公司这样的模式，但这不意味着我们就可以将还没做完整的产品推出市场。真正的"快速迭代"，应该是每一代产品都是现阶段能改进到的最好的产品，然后将如何提升产品的这个思考过程交给市场，交给用户。千万不要将还没做完的"半成品"推出市场，如此行为，用户反馈给你的绝不会是提升产品的建议，而是对产品的负面评价。

第六章
做产品,注重用户参与感很重要

提高你的产品的用户黏性

不论企业、店铺大小,我们都常常提到"回头客"这个词。回头客可以理解为老客户,老客户往往是企业经营时最应重视的对象,究其原因,是因为老客户与产品之间的黏性最大,也就是说这部分客户离不开企业推出的产品,他们会成为消费的主力军。所以,传统企业在经营过程中所说的"留住老客户",其实就是在关注用户黏性。做产品要重视用户,就一定要注重提高用户的黏性。我们的终极目标,就是能够推出一款让用户选择之后长期内无法割舍的产品,这样的产品是有机会成为爆款的。

如果说,淘宝是阿里巴巴公司推出的一款产品,那么我们与淘宝之间的黏性就很强。在生活中,不少人常常选择在淘宝网上购物,即便没有什么明确目的,也喜欢在网站中随意搜索。通过这种方式,买家常常做出无目的性的消费,也就是购买产品之前并没有这种需求,购买时也对产品的品牌、店铺等没有太多考虑,完全是逛到哪儿买到哪儿。

这种情况下的购买过程,买家对所消费的品牌和产品都不够有黏性,购买行为的黏性完全源自于淘宝这个平台。

买家与淘宝之间的黏性强,对企业来说其实也算一件好事,因为这样我们所面向的用户群就很大,而我们在推出产品时要关注的,就是如何提高我

第六章 做产品，注重用户参与感很重要

们的产品与用户之间的黏性。相当多的消费者是基于与淘宝这个平台有消费黏性，才选择了我们的产品，所以相对的，我们的产品与用户之间的黏性就降低了。去除那些随意搜索、无目的性购买，有多少消费者是专门搜索了我们的产品、我们的品牌来购买的呢？因而，我们所要做的，就是要提高后者的比例，这样才能给店铺带来熟客、老客，让店铺和产品能够长久红火运作下去。

无目的性的随意消费的买家，与有目的的、直奔我们的品牌而来的买家是不一样的。后者不仅忠诚度更高、平均消费额度更高，而且在消费过程中的态度也会更好，他们更看重我们的品牌、服务等综合优势。从长远来看，这样的顾客更能带来稳定高额的利润。而增强用户黏性的过程，就是将前者转化为后者的过程。

如何提高用户与产品、品牌之间的黏性呢？我们至少应该做好两点工作：

首先，要关怀客户，让用户有舒适的购物体验，这样用户在购物后才能对品牌留下深刻的好印象。在电商平台上，顾客自动上门的情况是不容易出现的，想将淘宝的巨大流量转化为店铺的流量红利，就必须要进行推广。但是，简单地通过搞活动、打广告、压低价格、赠送礼品吸引客户，只能带来短时间内的客户流量，一旦活动停止了，其中绝大部分客户都会流失。也就是说，这些活动带来的客户是暂时的，而如果我们能重视后续的用户体验，让这些买家感受到品牌的独到之处，就能留下用户提高客户黏性。

所以，活动只是吸引用户的第一步，留下用户、提高用户黏性，才是能真正给企业带来收益的根本。

要留下用户，一个很重要的做法就是注意用户的不满之处。当用户对我

们的产品有负面的反馈时，一定要积极处理，然后做出有效的改进，这样才能使买家愿意转化为忠实的顾客。事实上，我们与用户之间的良性交流越频繁，与用户之间的距离就越近，用户黏性就越强。

关怀客户本身打的就是一张情感牌，所以在购买过程中遇到问题时，过于理性地分析对错可能并不合时宜。举个简单的例子，很多退货行为的发生并不是店主的错，明明商家在质量、物流、购买过程等多方面都没有任何问题，但顾客就是因为自己的原因想退货，这该怎么办呢？如果就事论事，过于理性地分析，将责任归结给顾客，不同意买家退货，那么商家也许能够得到一时满意的结果，但顾客可能就永远不会再来消费了，因为顾客会觉得在购物的过程中自己的情感受到了伤害。所以，客户关怀是一个感性的过程，我们一定要从感性出发照顾到顾客的感受。

其次，就是在购物结束后，要重视对顾客的后续需求的跟踪服务。很多买家在购买完产品之后，还会产生连锁需求，但是他们不会把这种需求反馈给商家，或者说商家并没有重视这些需求，这就无形中错失了一次提高用户黏性的机会。

现在，淘宝上许多网红店就是靠追踪用户的需求来提高自身与用户之间的黏性的。买家购买了网红店铺的产品，如衣服、化妆品之后，常常会将自己的建议和其他需求反馈在评论或微博当中，比如买了上衣的，希望下次能推出配套的裙子；买了外套的，希望店主能设计同款的配饰等。总之，这些建议一旦被提出，并获得众多买家的响应后，网红店铺往往就会在后续的经营中满足顾客的这些需求。这就无疑为顾客下一次的购买行为奠定了基础，并使这些顾客会长期关注店铺，这样用户黏性就建立起来了。

由此可见，如果我们能时常跟踪用户的连锁需求，并在某种程度上满足他们的需求，就能提高用户和品牌之间的联系。具体有以下方法：

方法一：准确定位你的用户

我们强调要提高用户的参与感，而这其实就是企业的一种营销策略，但在这之前，企业首先得准确定位自己的用户群。也就是说，我们想提高用户的参与感，就先要确定我们要吸引的用户到底是哪些，对此我们可以从多方面入手进行判断。

当你的产品设计好后，基本上就已经定位了你的用户，或者说你对你将来的目标用户已经有了初步的认识。一般情况下，我们在初步界定用户群时会依据两个因素判断——内在和外在属性。用户的外在属性非常好理解，就是指他们分布在什么地方、在什么类型的公司工作、日常的主要活动场所是哪里……这些都是外在属性。实际上，这种外在属性对电商的影响相对比较小，我们更需要关注的是目标用户的内在属性，将这个问题搞清楚了，你就已经初步界定好了你的用户群。

用户的内在属性可以从七个方面来概括，分别是——

1. 他们是谁
2. 他们有怎样的购买习惯
3. 他们的购买理由是什么
4. 他们的年龄一般在什么范围
5. 他们的性别
6. 他们有怎样的爱好
7. 他们的收入标准是多少

如果先确定用户群再研发产品的话，这七个属性就决定了你产品的定位。比如，如果你的产品先定位为针对年轻人群，那么它的定价水平就必须在中低价位，因为这是多数年轻人的收入范围。相反，如果先推出了产品，就要根据产品的情况反向去确定用户，也就是说，产品与用户两者之间的影响是相互的。

在以上所说的七个属性当中，收入标准是相当重要的，因为我们定位用户的一个重要方式，就是根据他们的购买能力来进行判断。你必须保证你的目标客户能买得起你的产品，也就是保证他们具有足够的购买力。如果做不到这一点，你将会面对许多用户的抱怨。他们可能会抱怨价格过高，觉得性价比不高，而这种种问题的根源都在于他们的购买力还不足，因而对产品的认识有偏差。如果你时常发愁你的消费者不太爽快，总是喜欢浪费时间砍价，那么原因就是你没有将客户群定位准确。

除此之外，我们还可以通过分析客户的购买历史来确认我们的目标用户。进入大数据的时代，数据分析成为做电商的重要辅助方式，你可以研究一下你的客户是否购买过同类产品、是否关注过有一定关联性的产品、是否购买过同系列的配套产品等，这些消费历史都是顾客需求的反应，通过对这些信息的分析，你会了解到他们对你所推出的产品有多大的需求、购买的频繁程度是多少，以及他们是否了解同类型的产品。从这些信中筛选出需求大、购买频繁、对产品有一定了解的用户，提高他们的参与感，将他们转化为粉丝相对就容易得多。

假如你的店铺已经走上了正轨，拥有了一部分老客户，你还可以针对老客户进行研究，找出他们之间的共性。比如他们的年龄段、日常消费习惯、收入范围等，然后以此作为参考去定位你将来的客户群。要知道"物以类聚，人以群分"，将来的客户与现在已经吸引的老客户，很大程度上会是同一类型的买家，所以通过对老客户的研究，可以对消费人群有一个精准的定位。

没有用户就没有营销，没有营销就谈不上让用户提高参与感，所以，定位客户是让我们提高用户参与感的第一步。要想留住客户，就一定要先找到正确的客户。

方法二：让淘宝买家产生参与感

经常有人有这样的疑问——怎样才能像小米那样快速地在已经成熟的市场中站稳脚跟、引爆口碑呢？的确，要在成熟的市场中分割已经培养起来的企业们的利益，本来就不是一件容易的事情，而小米在短暂的两年之内就做到了，究其原因，只有一个，那就是"参与感"。

小米做产品利用的是互联网思维而不是传统的手机厂商思维。做电商的核心就是要重视产品的口碑，而引爆口碑，就一定要站在用户的角度去思考，让用户对你的产品有参与感，这是最重要的。

过去，用户消费一件产品，重视的是产品功能。那时候人们的购买需求还十分朴实，品牌、服务之类的因素都会导致附加成本产生，使产品价格上涨，这是不受用户喜爱的。所以，一切都是看产品的功能好不好、有没有用处。

后来，国民经济复苏，人们的消费重点变成了品牌，之后又转变为了重视体验感，也就是重视消费过程中的服务。一件衣服质量好不好、品牌好不好是判断的基础，但"体验"会影响人们的选择，所以买衣服之前要试穿，电子产品需要有体验店，商场里到处都是试吃的活动。体验，是购买之前的重要一站。

到如今，用户"重在参与"，这是一种全新的消费方式。相对于体验式消费，参与式的消费模式让用户与产品之间的黏性更强，用户可能会参与到产品的研发过程中，甚至在产品推向市场的营销过程中，都少不了用户的影子。这种密切的、深入的参与，变相让用户成为了产品的推广专员，他们的参与热情被调动起来，对产品的感情就会很深，这就形成了初步的粉丝效应。

这种有参与热情的用户，大多数都是年轻用户，也是电商平台上最主要的消费群体。所以，做电商一定要注重"参与感"的打造，不要担心你的客户群会不热情，他们愿意在电商平台上消费，本身就代表了他们是重视参与的群体。

构造参与感，让用户和你的产品一起成长，可以从三个要点入手。第一个方面就是找到可以让用户参与进来的节点。我们打造产品的过程是封闭的，往往是需要"保密"的，那么在这个过程中，开放哪个节点让用户参与进来，能够获得最大的利润，达到双赢局面呢？产品推出后，进行销售、打造品牌和服务用户的过程，就是最好的开放节点。让用户参与到你的产品销售中，参加活动帮助你推广产品，让用户与你一起打造品牌，重视在服务用户时与用户的交流，都能让用户产生一种参与感。

现在很多电商活动都是在让用户更有参与感。比如帮助品牌做推广、领礼品、分享链接拿红包等，这都是简单的让用户推广产品的方式。但是这样的推广过程不能带来用户黏性，用户可能只是为了礼物、红包而来，所以一定要将奖励也与你的产品挂钩，让用户真正体验到产品，这样用户黏性才会建立起来。

第二个构造用户参与感的要点是，找到开放用户参与的节点之后，就要精心设计用户和品牌之间的互动方式。前几年春节期间，看春晚、摇红包就是一个提高用户参与度的活动，而针对春节的特点设计出的这个活动，就是独具特色的互动方式。

九阳电饭煲在推出之后，举办的"全民晒胆"活动也是一个特色互动方式。用户通过晒出各种与主题相关的图片赢得礼品，从而真正参与到了九阳电饭煲的推广中，既有互动，晒照片的行为又带来了乐趣，大家都玩得不亦乐乎。

最后一个提高用户参与感的要点，就是要酝酿一个具有品牌特色的事件，然后以事件的形式引爆热点，迅速将围观者吸引过来，然后产生口碑推广的效应。首先，要筛选出一批最忠诚的用户，然后在较小的范围内引爆一个营销事件，酝酿用户参与感，并将其做成话题。这样一来，已经挑选出的参与用户能够产生得到"特殊待遇"的满足感，而未参与的用户则会产生"围观效应"，会不自觉地关注这些活动，然后被带入其中。这就像龙卷风过境一样，会形成风暴般的洗礼效应。

一款备受关注的游戏在推出新系列时，往往不是直接推出市场，也不是只进行内部测试，而是挑选一部分有资质的老玩家进行"内部公测"，这就是提高用户参与感、扩散品牌口碑的方式。老玩家感受到了自己被重视，也会针对新游戏进行反馈，方便游戏商调整，而他们透露出来的信息则会吸引新玩家的关注，最终就像滚雪球一样，想参与进来的玩家越来越多，这样游戏就能在真正开放时立刻迎来大量用户。

这个过程，就是引爆、传播口碑的过程，这些方式也都是提高用户参与感的重要手段。

方法三：引起"集体围观"，赢得潜在买家

2013年双十一到来前夕，各大电商平台都在"使劲浑身解数"进行宣传，助推自己的活动。而京东当时采取的方式就是线上、线下同时出手，推力双十一促销会，最终通过"事件营销"的方式获得了令人满意的成功。

京东是怎么做的呢？京东的营销人员在北京、上海的几个大型广场上，分别安置了一个巨大的座钟。钟表高达五米，其上却只有11个时间刻度，这个巨大的钟表一经放置，立刻引来了周围路人的围观。

我们所说的"围观"，不仅仅是一种行为，更是一种营销上的重要手段，那就是"集体围观现象"。营销的目的就是吸引用户的注意力，那些潜在的、随时可能产生购买意向的用户更是需要吸引的对象，而如何吸引这些用户呢？要知道，他们属于潜在群体，并不是忠实用户，你的品牌去打广告、做活动，这些潜在用户是不大会主动关注的。此时，就得通过一些手段吸引他们的注意力，而人们通常都喜欢"围观"，只要你能将自己的品牌营销做得"热闹"，能在短时间内引人注意，就会逐渐吸引大量的人来围观。一旦有一个人驻足，就可能有十个人停下，接下来就会吸引一百个人、一千个人……这就是集体围观行为的形成。

可以想想，在生活中你是否看到过这样的场景呢？事故现场、夫妻吵架，这样的情况一旦出现，总是少不了围观人群。最开始只是一两个人好奇驻足，到后来就如同滚雪球一样人越来越多，外围的路过者甚至都不知道里面发生了什么，但是好奇心也会让他们放慢脚步甚至停下观看。这些生活经验也告诉我们，一个打破常规的事件，一个让人们感觉到怪异、诧异的事件，是最容易引发围观的。

我们要做的就是引发集体围观现象，吸引粉丝，最简单的方法就是引爆一个"不同寻常"的事件，这个事件要有足够的爆点、要够醒目、要足够"不走寻常路"，当然这就决定了这个事件也许会比较低俗，也可能会比较高雅。前面谈到的京东所设定的广场巨钟，就是设置了一个打破常规的地标，它足够大，能够醒目地吸引人们的眼球，它也足够特别，少了一个刻度显得非常怪异，这两点都足够引起人们的围观。在这个基础上，京东还利用了当时比较少见的AR技术，以此来与围观的人们进行互动。

这种视觉冲击力大的巨型标志性物品，是在线下举办活动时非常有用的工具。而线上要做到集体围观，就一定要利用好各种社交软件，在这些渠道上投放你所准备的"围观事件"，这样最容易达到目的。

一个只有一万粉丝的公众号，发布的文章可能在短时间内就转发破数十、上百万，这是如何做到的？是因为社交软件上信息传播太快速了，只要有一个能够引人注目、吸引眼球的题目，就能引起一部分粉丝的转发，而粉丝的朋友圈中还有朋友，朋友还有朋友……这种病毒式的扩散能力，最终就引爆了文章的浏览、转发量。所以，一定要利用好社交软件，让你的活动依托于社交软件，而不是仅限于电商平台，你就能引爆一个事件，继而引发集体围观。

第二篇 打造爆款

第七章
做爆款，注重选品和产品设计

引爆产品的前提是选对产品

谁都想打造爆款,但就像我们之前所说的,爆款并不是人工造就的,而是天然就存在于市场上的,只看你能不能找到。所以,打造爆款的前提一定是选择正确的产品,这样才能发掘出市场上本就存在的隐形爆款。

有些企业只是一心想打造爆款,将所有的注意力都投放在营销手段上,不注意产品的甄选,随意地选择企业认为好的产品,或者异想天开地想将仓库中的积压产品打造成爆款,将其销售出去,这些都不是正确的观念。我们要打造的爆款,一定是受众面较广、整体性价比很高,同时在网络上有一定销量和良好评价的产品,这四个特点缺一不可。

而就算选择对了产品,也不一定能成功打造出爆款,所以选款是基础,后续的营销与推广也不能忽视。但是如果产品都没选对,营销和推广就不用再考虑了。所以,现在我们就来看看怎样才能选对产品。

想选出能够成为爆款的产品,一定要针对爆款产品的特点进行分析,从这些特点出发选择产品。

首先,能够成为爆款的产品一定要有足够的市场潜力。什么是市场潜力?就是这个产品有足够的关注度和受众面。产品的买家群体够大,就意味着市场上对这类产品的需求量大,才能够带来大量的成交额,最终成为爆款。并且，市场潜力是隐含的属性，也就是说，那些已经火爆得不行、市场较为成熟的产品并不是打造爆款的最佳选择，我们应该选择的是受众面够广、需求量够大、每天有一定成交额但还没有真正火起来的产品，这才是有潜力的未来爆款。

第二，如果要选择应季性产品，应该注重时机，有些时候这也是决定产品是否能卖得好的重要因素。我们可能都注意到一些生意好的小吃摊，冬天卖麻辣烫，夏天就卖凉拌菜，你会发现，这些小吃摊选择的产品就是有季节性特色的，如果一年四季都卖麻辣烫，相信其收益一定不会像现在这么高。

小吃摊主都懂得的道理，我们就更不能忽略了，如果你选择了一款应季性的产品，想将其打造成爆款就一定要注意上架和推广的时机。这样的产品也有一个好处，就是在短期内能有极大的销量，能避免大量的库存积压。

第三，则是尽量选择有一定销量的产品，不要贸然地就向零销量的产品下手。零销量的产品可能意味着有新鲜性，在市场上缺少竞争者，能让我们有更大的发展机会，但这也意味着它尚未经受过市场的检验，未来的不确定性很大。同时，因为消费者对这款产品尚没有足够的认知，所以推广过程将变得十分艰难。与其选择一款零销量的产品去搏一个可能性，然后在推广营销的过程中耗费大量的精力，不如选择有一定销量基础的产品，这样还可以借助淘宝买家的从众心理，更方便地打开市场。

第四，假如你选择的产品已经在市场上有了其他卖家在卖，一定要注意看一看这些卖家的好评率，这就是评价基础。同类的产品往往有很多，那买家会怎么选择呢？实际上，大多数买家都会参考其他买家的意见。之前购买过、对这些产品有比较深刻了解的买家提出的建议，才是最容易让其他买家接受的。一旦你选择的产品在其他店家那里普遍评价不高，就说明这款产品不足以让顾客满意，即便你再上架，也很难达成预期效果。相反，选择一款好评率较高的产品，买家们更容易接受，也就容易提高销量和转化率，让店铺的好评率上升。我们可以从其他卖家那里得到这个毫无成本的重要数据，所以一定要重视。

然后，还要关注产品的利润空间。让买家满意是一个目的，获得利润则是另一个也是最根本的目的。所以我们就得考虑产品的成本价格和定价，如果这款产品的价格在市场上已经被压得很低、利润空间很小的话，就算销量上升了，表面上卖得红红火火，最终获得的利润也不会高。这种情况下，打造爆款反而变成一件费力不讨好的事情，所以，一定要有一定的利润空间。而且这个空间应该把握好，保证买家能接受，我们也能接受。

最后，你还要关注一下产品的库存。虽然饥饿营销在互联网上已经有了先例，但是正常的店铺如果不能保证库存跟上的话，很容易失去大量买家，没有稳定的货源，也不能打造出爆款。要知道对产能不足的问题，就算是苹果这样的大企业也常常头痛，可见有充足的库存和货源，对一个企业和店铺来说是多么重要。

下面，我们再来看打造爆款的几个原则。

原则一：分析淘宝数据，选择爆款

假如你已经初步选择了产品类型，接着就可以通过分析淘宝上的数据来选择哪一款为主推爆款。这些数据可以通过在店铺中试推行来得到，也可以分析竞争对手的数据。那么，哪些数据是最紧要的呢？

首先，我们要看的就是商品的点击率。点击率越高，说明这个商品更容易被买家搜索到，而且有一定的吸引力和关注度；点击率越高，就证明引入店铺的流量越多,这是商品是否受欢迎、客户群是否足够大、市场需求是不是够强的表现之一。

当然,有时候你的商品短期内点击率不高,也并不意味着它没有成为爆款的潜质,因为点击率不高的原因有很多,也可能是因为推广做得不够给力,标题、位置、推广图等不够吸引人,影响了商品的点击率。

其次,我们就要关注一下转化率。转化率,就是产生购买行为的人数占据总浏览人数的比例,转化率越高,说明浏览过商品的买家当中愿意真正购买的人越多,这才是店铺能否获得利润的关键数据。假如你的商品点击率不够高,但转化率很高,说明商品本身的品质不错,能够给店铺带来一定盈利。此时,我们就应该从受众群的大小上进行分析,看看商品点击率不高究竟是因为受众太少,还是因为推广不给力造成的。如果原因是前者,那么作为"小众商品"的产品一般是很难成为爆款的。可如果是后者,就要对商品进行调整和优化,让它更有竞争力,而这样的商品就算点击率暂时不高,也是有成为爆款的潜质的。

第三,我们要分析商品的推广转化率,也就是流量价值。当我们对商品施行推广时,必然会带来更多的点击量,但是这些点击量能否带来更多的成交量呢?这个答案是很难确定的,一定要通过测试才能得到。如果推广后的产品成交数据很好,就说明流量价值很高,推广是有意义的。一旦流量价值很低,那这个商品再进行推广的意义也许就不大了。

以上三种淘宝数据,都可以通过专门的淘宝市场分析软件来获取,这也就是俗称的"爬数据"。一般我们选取的对象是上架一个月内的商品,这个时期被称为"新品期",商品是否有成为爆款的潜质,一般都能够在这段时期的数据上得到体现。假如在短期内,某个商品的表现不俗,点击率、转化率、收藏和成交量等都较高，就说明它可以成为选择的爆款对象；如果这个商品的价位属于中档，也就代表它能带来的利润空间较大，我们就可以适当地搞搞促销活动，以打价格战的方式闯入市场，快速提升商品的销量。

我们还可以分析一下商品的流量都来自于哪些途径，是站内搜索还是主题搜索，是来源于广告还是其他推广。这些数据能告诉我们，商品到底是怎样火爆起来的，这也就给我们的推广提供了一个导向。

你会发现，当你选择用数据来分析一款商品时，爆款的一切操作方式都可以用数据表示。哪些商品更有潜力、哪些宣传渠道能带来更多的浏览量、一个产品有哪些特征可以成为爆款，这些都有专门的软件帮助我们分析，而数据往往是决定我们选择的非常重要的依据。但需要注意的是，数据也会骗人，想确定你获得的数据是否是真实的，一定要进行多次测试，从不同的店铺获取数据，这样才能够确保数据的真实性。

除了软件的帮助，我们还可以根据客户的反馈来分析，这也是一类重要的数据。对电商来说，买家的好评与差评都相当重要，这直接反映了买家对你所推出的商品是否认可。一旦评价中频繁出现负面词汇，那么后期商品的转化率一定会逐渐降低，也就是说愿意购买的顾客会变少，因为这些买家都会参考之前的评价来决定是否购买。所以，我们一定要重视和买家之间的关系，尤其是与多次购买的熟客之间的关系，这部分买家对产品有一定的了解，给出的意见较为中肯且一针见血，他们可以代表相当一部分买家的意见。

如果你发现，你所选择的产品反馈数据都不是特别好，那最好还是重新选择一款产品，因为爆款最终还是要靠品质和口碑来说话，如果你已经发现这款产品的口碑可能不佳，就不要在这上面白费力气了。

原则二：利用直通车，试水爆款

选定商品之后，分析数据的过程可以利用淘宝直通车来辅助。这就是我们所说的对爆款进行试水，可以得到关于淘宝转化率的有关信息。

淘宝直通车是什么？根据定义可知，这是为卖家所定制的实现精准推广的工具。当你选择了淘宝直通车来营销自己的宝贝时，可以先给宝贝编辑足够的关键词，买家们根据关键词进行查找，只要关键词能够匹配，你的宝贝就能显示在页面的直通车橱窗处，让买家可以直接看到，这就是"直通车"名字的来源。直通车的营销当然是付费的，你的出价直接决定了关键词的排名是否靠前，排名靠前的会得到淘宝的重点推广，自然能够带来更多的浏览量。但是，并非出价越多、排名越靠前越好，这里面的技巧我们会在后面进行详细介绍，现在只讲一下如何利用淘宝直通车来收集数据、试水爆款。

在开通直通车并试水爆款时，我们推荐大家选择店铺推广。与单品推广相比，店铺推广相对比较分散注意力，不如单品推广那么精准，但是在店铺发展的前期，我们并不确定自己所选定的商品哪一款更有成为爆款的潜力，而选择店铺推广，就可以为整个店铺在短期内引来大量的流量，然后由买家根据自己的意愿选择商品。这样我们测试出来的爆款结果就会更加准确，能更好达到利用直通车帮我们选择爆款的目的。

由此可见，当你通过直通车来试水爆款的时候，你的营销方式和想将商品推广为爆款是完全不同的，前者重视选择，后者才重视效益，所以开始时推荐选择店铺推广。不过要选择这样的方式，店铺中的宝贝必须是相同类型的，这样关键词比较接近，搜索出来的结果更加精准。

利用直通车来测试商品的时间周期可以在一到两周左右，先将你所认为的有爆款属性的商品放在店铺首页进行推广、优先测试，然后将其他宝贝按照你所认为的权重排放在下方。这样测试一段时间后，你就会对这些商品的流量产生一定的了解，然后可以根据这些数据进行优化，将这段时间内表现最好、引流客户最多的产品放到首页，这就是通过数据筛选产品的过程。

你会发现，试水爆款的时间周期不需要太长。如果你将时间都浪费在这上面，而不能全力对你所发现的爆款进行精准推广的话，很容易错过商品销售爆发的时机，尤其是对应季性产品来说，销售爆发的时间是非常短暂的。因此，快速测试爆款，尽量将流量集中引入到几个商品之中，是非常重要的。

怎样做到将流量精准地引入到几个商品之中呢？就是要做好关联销售。当你将一个商品放入首页主推，最好在这个商品的详情页面中加入同类型的其他产品的链接。也就是说当买家在浏览此商品时，也有机会点入其他商品的界面中。如果你能让其他商品与主推商品之间的联系更加紧密，当然是更好的。

举个例子，在推广商品的页面里加入其他商品的链接和主图预览，属于比较初级的、简单粗暴的关联销售办法。如果你的推广商品与其他商品有一定相似性或者互补性，这种关联销售就会做得更加紧密。比如我们在推广上衣时，可以搭配打底衫，并且将这样的搭配体现在商品描述的模特身上，这样就比单独放上其他商品的链接更能吸引买家。

而这样的关联销售方式，可以将流量迅速分散到你想推广的重点商品之中，做到以一带多。这样一来，测试商品的时间就缩短了，效率也会提高，我们能更容易地从主推商品和其他商品之间选择出最有可能成为爆款的那一个。

原则三：以一带多，才能成为爆款

在第二个原则中，我们讲到利用直通车来试水爆款时，一定要注意关联销售，这可以让试水周期变得更短，让我们快速寻找到主推爆款。那么，该如何选择产品，让关联营销的优势最大化呢？是不是只要随便放上几个链接，就都能做到很好的关联销售呢？并不是这样。

就算我们想走以一带多的路，也要注意这个"多"应该怎么定位和选择。

关联商品的销售，除了看它有没有成为爆款的潜质之外，还要注意它与主推商品之间有没有密切关系，本身关联性越强的，进行关联营销才会越有效果。毕竟，买家在选择点开这个主推商品的页面时，就说明他对这一类商品感兴趣并关注，如果你随便关联了一个风马牛不相及的产品，恐怕无法吸引买家，还会影响商品界面的流畅度和整体性。

主打商品与关联商品之间的关系可以有多种，可以是同类的，也可以是互补的，以下我们就来列举几个比较典型的关联销售的搭配。

首先，同类型的商品进行关联销售，在现在的淘宝店铺中是最常出现的。这种情况是，关联商品往往与主推商品有相似的功能，当买家因为主推商品而点入这个页面时，他就有极大概率对相似功能的商品产生兴趣，所以，进行同类型的推荐很容易引起买家的点击。例如，当你的主推商品是一款衬衫时，下面就可以关联销售相似的另外几款衬衫供买家选择，这就是以功能的相似而进行的关联。

除此之外，我们还可以根据产品的属性进行关联，比如，红色裙子的主推链接下，就可以关联上其他红色系的衣服，这就是因为颜色这一相近属性而进行的关联。如果价格这一属性相近，也可以进行关联推荐。

除了同类型的关联商品能够吸引买家点击外，搭配互补型的商品，则能够有效地提高转化率。举个简单的例子，当买家浏览你的主推商品时，如果看到了关联推荐的同类型商品，那他可能会去浏览，也可能产生购买行为，但最终极有可能只在两者之间选择一种，因为它们是同类型的。然而，如果是搭配互补型的商品，买家一旦决定选择其中一种，就还能同时购买另一种，所以转化率就有效提升了。

这样的关联方法我们前面也提到过许多次，比如卖裙子关联白衬衫，这样典型的搭配最好体现在商品图上，让买家产生兴趣，还有画笔搭配画纸、胶枪搭配胶棒等，都属于互补型的关联销售。

此外，还可以根据其他的属性进行关联，比如商品是否热销、商品的好评率高不高等。有时我们会在主推商品的页面下关联店内热销商品，尤其是在试水爆款的期间，这种方式可以帮助我们更快速地选择出真正的爆款。不过缺点是，这种没有密切联系的关联，可能很难将买家的目光吸引过来。

而另一种留住买家的方式，则是在主推页面关联店铺中好评率最高的商品。好评率在买家心中就是品质的直观表现，一个好评率较高的商品，会更容易吸引买家的注意力。

在购买的环节中，我们可以不动声色地对买家进行引导，促使他们产生想要点击关联链接的想法。比如在首页的推荐中展示互补商品之间的搭配，可以提高转化率。但一定要注意，千万不要主次不分，还是应该将主要的注意力放在主推商品上。我们还可以在商品详情页面进行简单的介绍和推荐，或者由客服在与买家交流的过程中进行推荐。如果你的选品周期比较长，还可以在一次销售完成后，通过返券折扣的方式给买家让利，吸引他们在二次购买时关注关联商品。

总之，提高点击率和转化率是任重而道远的事，所以我们在做爆款推广时，千万不要只注重一个产品，一定要做好以一带多，这样才能真正打造出可能的爆款。

做新主流的产品，在淘宝的红海中寻找蓝海

我们在选择确定产品时，往往会发现这样一个问题——爆款一般都是市面上的主流产品。也就是说这个产品的市场已经足够成熟，其中既有竞争者，也有来自于成熟企业的压力，这种条件下想要做出爆款实在是难上加难。

这样的市场，就是我们俗称的红海市场。

之前我们曾经说过，想更快捷、简单地做成爆款，一定要注意选择，做新主流的产品最好。新主流，顾名思义就是还没有成为主流产品，但有成为主流产品的潜质，比如受众面广、需求量大等。这样的产品定位，就相当于是在淘宝的红海中寻找蓝海，相对而言起步的压力会较小。但想寻找新主流的产品，对于一个店铺来说并不容易，我们应该怎么做呢？

首先，定位产品的过程中，我们需要对产品所面向的市场进行更加细致的划分。举个简单的例子，当你想推出一款适合年轻女性的衣饰，你的初步市场定位就是针对年轻女性，然而此时你并未对这个过于宽泛的市场进行细致的划分，比如你所对应的人群有怎样的消费习惯、处于什么地域、收入水平在多少等。很多时候，细致的划分后你才会发现，在表面上的红海市场之下，还隐藏着一片少有人涉足的蓝海。

比如，三只松鼠进军坚果市场的时候，创始人章燎原就对坚果市场进行了细致的划分，在当时，开心果、奶油瓜子、松子、花生等，都已经成为坚果市场上极其火爆而成熟的红海，仔细筛选后，章燎原最终在坚果市场中寻找到了一处尚未真正火爆的蓝海——碧根果市场，然后以此作为切入点顺利地打开了整个局面，最终做出了三只松鼠这样的火爆品牌。

碧根果就是坚果市场中隐藏的蓝海，但如果你不去做细致的划分和分析，很难发现在宽泛的坚果市场当中，还隐藏着这样一个不那么火爆的新主流产品。

在手机市场已经接近饱和的时候，TCL想要进军这个红海。如何从大企业、主流品牌当中攫取到机会呢？当时的TCL总经理开发了一款特殊的手机，设计在手机上镶嵌钻石。这个令人觉得异想天开的想法，大多数人并不看好，甚至连董事长都表示这一定是一个错误的抉择。然而最终，事实证明这个想法是正确的，因为在日常生活中的礼品往来非常频繁的要求下，"送什么样的礼物"这个问题常常会让人感到困扰，而镶嵌钻石的手机主攻的就是礼品市场。这就是对手机市场进行细致的划分后筛选出来的蓝海，于是TCL通过这一款手机在手机市场上获取了一席之地。

第二点，则是寻找不同的消费方向和产品突破。我们在分析市场上现有的消费习惯时，应该想一想，有没有其他的消费习惯还未被挖掘出来，可以由我们主动建立呢？就像TCL所设计的钻石手机，这就是将日常使用的手机打造成了礼品，个人消费就变成了礼品消费，这两个消费方向是完全不同的。所以，很多时候我们完全可以脱离开个人消费市场，想一想能不能从其他方面突破。

这种多个消费方向并行的市场，在很多地方都能看到，典型的例子就是节日消费。比如一款月饼，就可以做出自用款和礼盒款，分别针对个人消费和礼品消费两个方向。以此为例，你会发现很多潜在的市场还可以再进行深度开发。

除此之外，就要看看产品还能不能有所突破。假如你想做茶叶，在传统的茶叶产品基础上，能否再做出一定的改进呢？比如开发出速溶型、袋泡型等更适合现代人快节奏生活的产品，就是一个突破方向。茶叶市场显然是一个饱和的红海，只有做好新方向上的突破，才有可能脱颖而出。

以上这两个方法，都可以帮助我们从红海中寻找蓝海。当然，有些时候市场并不需要经验来判断，此时就需要你有足够的敏锐度，但是一定要坚持一个原则——始终关注新主流产品，始终努力开发红海中的蓝海，这样，你所选择的爆款方向就不会出错。

第七章　做爆款，注重选品和产品设计

完美产品应该有三个特质

我们所要打造的爆款，一定要定位为"完美产品"，这里所说的"完美"并不是指产品样样都做到了极致，而是说样样都能做到最适合，也就是达到相对完美。这样的产品应该怎么选？只要你能把握住这类产品的三个特点，就一定能筛选到最适合你的店铺的爆款。

我们所能推出的相对完美的产品，首先应该具有代表性。代表性不一定是指行业中的代表性，不是说我们一定要做行业中最好的产品，而是说要有店铺的代表性。我们做爆款的本意就是用它来带动店铺、带来利润，所以带动店铺是非常重要的，你选择的爆款一定要贴合你的店铺定位，千万不要与店铺有太大差异。这种定位的贴合应该体现在目标群体的选择、产品的风格和价格范围等方面。

举个简单的例子，假如你的店铺想做女装，定价都在三四百元以上，这说明你想针对的消费者就是有能力轻松购买此价位服装的女性。此时，如果你推出的爆款价位只在百元以下，即便你的本意是想通过特价活动来促销，这个爆款产品引流用户的效果也会打折扣。因为你的爆款定位吸引来的用户，可能在消费观念并不是店铺所面向的主要用户群。所以，你选择的爆款产品在定价上就已经与店铺内的其他产品分离开来孤立存在，它就没有代表性，就不能起到真正带动店铺的作用。

其次，一个完美的爆款产品，还应该具有一定的可持续性。也就是说，你推出的产品一定不能昙花一现、短暂火爆后就悄无声息了，这样只会让我们投入的时间和精力都白费。保持爆款的可持续性需要不断营销，有合理的销售策略，但回归本质而言，还是产品本身决定了它是否有可持续性。我们所选择的爆款产品一定要有发展空间，是可以不断升级改版的，这样就更容易持续下去。

在大多数行业里，维持一个产品长时间的火爆，将它做成长销而不是仅仅畅销的产品，最简单的手段就是不断地推出升级版，不断推出第二代、第三代，这种情况在智能手机、电子产品乃至化妆品、家居用品等市场上都非常多见。这也就是我们之前提到过的"快速迭代，小步快跑"。

最后，你所选择的完美产品，一定要是足够稳定的。首先是产品的质量稳定，如果你打造的产品不能保证不同批次的质量相同，就最好不要将其定位为爆款，因为不同批次的产品在比较之下难免会有优劣之分，一旦让买家产生了这种感觉，就会极大地影响产品和店铺的口碑。此外，供货渠道也需要稳定，产能不足、供货渠道单一的产品都不要选择，这两者都有可能造成断货或产品质量不合格等问题。如果你花费了大量人力、物力与时间，终于打造出一个爆款产品，却因为一些外围因素导致不得不终止，是一件非常令人惋惜的事情。供货渠道的不稳定很容易导致这样的问题，所以选择供货商这个环节非常重要，最好多找几个有不同渠道的供货商，这样能让你的产品线更加稳定、安全，以避免不必要的麻烦和意外。

满足以上这三个特点，你就能初步寻找到一个完美的爆款产品。要始终记得，不是最好的产品一定最适合你，我们要定位准确并找到最适合的产品，这样才能够最大限度地带动你的店铺与利润。

第七章 做爆款，注重选品和产品设计

电商营销，需要做到差异化

在电商平台上，定位产品最大的敌人就是日益严重的同质化，这也是我们在做淘宝爆款时最容易产生的问题与苦恼。

不管怎么选择产品，同类品、相似品甚至是完全一样的产品总是很多，别人为什么要买我们家的产品呢？难道就只能打价格战吗？

此时我们要让自己的产品脱颖而出，就一定要给买家一个选择我们的理由，而价格只是其中一个理由而已。归结于一个道理，就是你的产品一定要跟其他产品区分开，让它有"差异"，这样买家才会选择你的产品。这种差异化是方方面面的，哪怕你的产品和其他店铺的产品出自一个工厂、一个流水线，也一样可以做到差异化。

现在的线上、线下销售中，产品和服务都在不断地倾向于同质化，这是过于严酷的市场竞争导致的必然结果，也就是我们俗称的"趋同性"，它存在于许多行业中。此时，面对同样的产品，买家的选择就变得尤为重要。有多少买家是随便选了一家店就付款的呢？如果他们不是随意选择的，那促使他们做出购买决定的原因到底是什么？要知道，这些店家的产品都是一样的，买家却选择了其中之一，必然是有原因的。

有些时候，买家在淘宝店铺中比较了同类产品后，买下了标价最低的一个,这就意味着他是依照价格在做选择;有时候,他们会选择交易量最多的那家店,这是根据销量做出的选择;有时候他们会选择服务最好、最有名的店铺,这是店铺的"软实力"影响的结果;有时候他们会选择评分最高的店铺,这是根据店铺以往销售情况做出的选择……这些不同的选择原因,都将我们所说的"同质化"抵消了。

的确,当买家因为一些理由做出选择时,就意味着产品及其附加产物不再是"雷同"的,而是在买家眼中产生了差异,我们要做的就是扩大这种差异,让买家即便横向对比,最终也会选择我们的产品。

一些只会跟着别人的脚步前进的店家并不会真正关注"差异化"这个词,他们只知道"跟风"和"模仿",别人做得好,自己就立刻跟上去做,可是最终他们会发现,自己不管怎么跟风,还是做不到别人那样的成功,卖一样的产品,就是不如别人卖得好。事实上,这就是盲目跟风而忽略了两个同质产品之间的差异的结果。

在淘宝的服饰市场上,有很多网红店或者是有名的店铺,如果你在淘宝上对这些店铺的某些衣服"搜同款",就会发现不同店铺销售的情况几乎是呈现两极分化的。售卖衣服数量最多的当然是这些名店、有号召力的店,虽然他们的价格几乎是其他店铺的一倍甚至是两倍,但买家却愿意选择他们。这要么是因为店铺的名气,要么是因为更相信名店的品质,还有的买家则本身是店铺或者设计者的粉丝,而这样的款式本来就是这些名店"带火"的,自然买家众多。

其他店铺中,谁卖的同款衣服最多呢?往往就是标价最低的那个,其次则是标价不是最低但是销量也过得去的。选择前者的买家,多半是在名店里看中了衣服,却又对价格不满意,不愿意接受这样的"品牌溢价",所以他们选择其他店铺的原则只有一个，那就是价格越低越好；选择后者的买家呢，则又想要便宜一些的衣服，又担心衣服的质量太差，只好选择销量稍高、价格比较低的，这样把自己放到群体中，买一个"安心"。

所以，针对这些不同买家的心态，你就要对产品进行不同的定位，让它从"同质化"中脱颖而出。

一个产品想要实现差异化，可以从几个大方面入手，首先就是产品本身，不管是特点、材质、性能还是风格、设计，甚至是一个独特的颜色，都可以让你成为"不同"的那一个。比如同样的手机壳，别家店都只有三种颜色，你的店却添了"玫瑰金""香芋紫"等特别的颜色，就一定能吸引到某些顾客。在产品上做出差异相对简单，但是却很容易被人模仿，最终失去市场优势，所以维持这种差异又是最难的。

因此，我们在重视产品的差异化定位之前，还可以从服务方面体现差异化。不跟别人拼产品，就拼服务，只要你家的客服更亲切热心、售后做得更好、发货更快、到货更及时，就能在服务上赢得顾客的心。在淘宝这样的电商平台上，有相当一部分买家愿意为了更好的服务而多掏钱，哪怕你们家退款周期比别家短一些，他们都会记在心里，这部分买家甚至很难用低价打动，只能靠服务来吸引。

除此之外，还可以从店铺、企业形象入手做到差异化。我们所说的网红店、名店就是打造了独树一帜的店铺形象，有了一批品牌粉丝，由此做到了差异化。小到一个网店，大到一个跨国品牌，只要是能产生品牌溢价的产品，其实都是在企业形象上有了一定的差异。

当你的店铺还没有做成品牌时，一旦你推出的产品被跟风、被抄袭，就有可能流失大量顾客，他们不会因为原创而驻足；当你的店铺做成品牌后，如果你的产品被跟风抄袭，也一定能留住想支持正版的顾客。要想从根源上保证产品差异化带来的优势，就一定要做到品牌差异化，把品牌名字打响。

当你的产品与别家有一个不同之处时，就相当于给买家提供了一个选择你们的理由，所以，产品差异化越大，就越有利。

第八章
定位淘宝爆款，应该如何定价

淘宝定价的基础——心理定价策略

给产品定价格这件事并非随意而为的,在做淘宝时,选择产品很重要,给产品一个合适的定价也一样重要,每个环节都关系到我们最终能获得的利润。在讲述爆款的定价策略之前,我们应该先了解一下现行的、市场上的定价都遵循了哪些策略。在掌握了这个"初级定价秘诀"的基础上,我们才可以去研习更加高级的、适用于自身的定价法则。

不管是线上还是线下的市场,我们最常见的价格往往是"299""398""4489"这样尾数带着大数字的价格,为什么会有这样的定价规律呢?这其实就是我们常说的"心理定价"战术之一——尾数定价法则。这种定价常常会给产品留一个尾数而且并非整数,是因为较大的尾数可以让买家在消费时产生一定的心理错觉,看到"399"和"400"时,买家会率先选择前面一个,虽然这两者之间只相差一元钱,但是在购买者心中这就是"三百多"和"四百"的差距。

尾数定价满足了买家想追求便宜价格的心理,而且在有些买家心里,有尾数的价格更像是经过严密计算的,与"400""600"这样大大咧咧的整数价位比起来,有尾数的价格看起来更加精确,容易让人产生信任感。所以,这样的定价适用于对价格敏感的买家,一般多集中在日用消费品、快消品等行业。

举个简单的例子,如果你购买一把牙刷,"13.98"和"14"元之间的差距可能会影响你的判断;但当你要买房买车时,"13.9万"和"14"万在你心里就是一样的价位了,而事实上,后两者之间的差价要大得多。当你的消费额度变大时,你的价格敏感度就会下降,在差不多的价格之间将不那么"斤斤计较",此时再用尾数定价法就不那么有效了。

与尾数定价法相对应的就是整数定价法,这种方法多适用于价格昂贵的礼品、日常高端消费品等。比如一块名牌手表,可能会定价"1.2万",相对于"1.1899万"来说,前者就会给我们一种更高档、质量更好的印象,这种"豪气"的定价方式,更容易让消费高档产品的顾客满意。

还有一种根据声望来定价的法则,就是买家越信任、名气越大的产品,就可以定价越高。尤其是市场上的稀缺产品,比如热销的、容易断货的某个色号的口红,即便它的品牌和材质都跟同一系列的其他产品一样,但它的定价也有可能飞速上涨,这种上涨价格的情况不仅可能发生在市场上,在买家之间,连品牌商也容易涨价。

就拿邮票来说,一般的邮票不会因为是否稀缺而改变发行价,但是邮票在市场上流通时,会根据其稀缺程度,也就是声望大小有价格的浮动。而有些品牌在稀缺商品出现价格上涨情况时,就不像发行邮票一样还保持发行价了,而是从品牌售卖的这一环节就提高价格。

根据习惯来定价,也是受到市场影响的定价方式之一。对那些在市场上流通时间长的产品,买家心中就已经有了一个适应的价格范围,一旦超出这个价格,就很难被买家接受。比如市场上的普通垃圾桶如果在几元到十几元不等,你要是定价在20元以上,就很容易出现无人购买的情况,这就是市场习惯导致的。

所以，一些产品常常以"天价"作为噱头推出市场，然后宣传自己的产品有多么与众不同、多么值得，但真正能获得买家认可的却少之又少，就是因为买家已经因个人习惯给同类产品定价了，所以高昂的价格无法打动他们。与之相对的是，比习惯价格更低的定价，往往会引起买家的"疯抢"关注，这就是一些促销活动能成功的原因。

如果想打价格战，只要保证满足"成本价＜产品定价＜习惯价格"这个不等式，你的产品就可以因为价格而吸引到买家。买家一旦习惯了一个价格，你就不能贸然去提高定价，最好通过一些手段来让买家觉得价格变动是可以接受的，比如推出二代产品、改变产品包装等，这些"变动"都可以成为提高价格的契机。

以上这些定价方式都是淘宝上常见的心理定价策略，我们应该在掌握这些市场上最基本的定价方式后，再去判断自己的产品应该处于哪个定价范围。

不要把"低价"当作网店竞争的唯一手段

在电商平台上,许多公司或店铺在做销售时,往往会陷入一个严重的误区——认为产品标价越低越好卖,爆款就一定要价格最低。

这样的想法并不那么正确,因为不是所有产品都能因低价增加销量。大多数时候,降价促销的确能给我们带来大量的流量,是一种非常有效的销售措施,但并非适用于所有情况。根据你的产品定位,你的客户群也是有不同类型的,当你所面对的主要客户对价格敏感度并不高时,也就意味着价格的上涨或下跌并不太影响你产品的销量,此时如果贸然闯入低价误区,买家可能还会认为这是质量下降的表现。所以,对待这些信奉"一分钱一分货"的买家,千万不要打低价格战,这反而容易让他们误以为产品质量不好。企业或店铺在打造一款产品的时候,一定要注意贴合店铺的整体水平,千万不要将价格定得过低或过高,最好将价位与产品本身的质量和品质联系在一起,这样反而能让产品卖得更好。

有这样一个故事:在20世纪,美国一家服装店的老板新推出了自己刚设计的系列服饰,这些服饰都是采用昂贵的丝绸、羊毛等材料制作的,不仅质量好,款式也非常新潮。老板并不担心自己的产品卖不出去,但是他想让这些货物尽快地销售出去,于是就刻意压低了价格,将价格水平控制在与普通服饰一样的范围内。结果一段时间后，老板郁闷地发现，这些物美价廉的服饰的销量并不是很好。这让老板觉得非常失望。就在他十分颓丧时，一个远房侄子来看望他。得知了他的近况之后，年轻人给他出了一个主意："既然你的这些服饰本身价值就很高，就应该给它们一个值得的价格而不是这样的低价。"老板听了之后，半信半疑地进行了尝试——将价格提高到了原本的三倍，结果在半个月之内这些衣服就销售一空。因为人们认为，这才是货真价实的好东西，好东西就是值这个价位的，太低价反而让他们怀疑产品质量，不敢购买。

由此可见，在给商品定价的时候，并非一味选择低价就是好的营销策略，如果你总是陷入低价误区，很可能在失去利润的同时也不能提升销量。你的商品应该定什么样的价格，应该由市场和客户来决定。

我们在打造爆款时，最好参考顾客的价格观来定价。顾客的价格观是什么呢？就是顾客认为你的这款商品值什么价，我们可以将其命名为顾客的期待价格。我们的定价范围往往就介于成本价到顾客的期待价格之间，只要你的价格能低于顾客的期待价格，产品就会让顾客产生"值得"的观感。相反，如果你的产品定价远低于顾客的预期，顾客就很有可能产生"是否我对这个商品的质量判断有误""也许它的质量并没有我想的那么好"这一类负面的想法。毕竟在中国人的传统观念中，"一分钱一分货"绝对是个颠扑不破的真理。

如果你在定价时完全参考市场上其他同类产品，也就是根据你的竞争对手的情况来定价，则又很有可能会失去一些价格上的优势，比如定价过高或者利润太低。但如果你按照顾客的期待价格来定价，不仅能让自己赚钱，而且还能让这钱赚得更快、更简单，也让顾客心里更加舒服。

还有一些产品不仅不能打低价战，就连促销活动也应该有严格的价格掌控，这样的产品一般都是面向中高端市场、礼品市场或者是非常讲究质量的用户群体的。就拿几年前派克钢笔曾经犯过的错来说，一提"派克"的名字，大家就知道这是高端钢笔中响当当的品牌。当时派克钢笔想进驻低端市场，为了快速抢占市场，就推出了一系列低价产品。然而，这些比高昂价格的钢笔降低了将近七倍价格的低端笔，并没有真正打开新市场，反而影响了派克笔在高端市场上的形象，丢掉了原本的用户。

这种错误的决断，就是来源于对价格和客户群体的不正确判断。有些时候，在客户心里，价格正是质量、品质和价值的代表，适当降低价格会让客户产生愉悦感，但大幅度的降价就会让顾客的心理产生动摇，对产品定位有所怀疑。此时我们不仅丢失了利润，还不能获得客户的支持，可谓是两面不讨好。

那么，想同时抢占中高端市场与低端市场，应该怎样定位商品的价格呢？我们需要在不影响顾客选择的情况下，满足不同阶层用户的需求，有针对性地推出高配置与低配置的产品，在定价和产品质量上都产生一定差异，让所有的顾客都能满意。为了避免出现派克钢笔这样的问题，你完全可以将不同价格范围的产品，归类到不同的子品牌或不同系列中，彼此之间有一定的品牌联系，但是相互又是独立的，给消费者留下独立的品牌印象。这样就不容易让买家因为价格的高低而产生对产品的误解，还可以真正囊括不同阶层的顾客。

归根结底，我们的定价策略都是围绕产品、针对顾客来推行的，千万不要一味地认为低价的就好卖，这绝对是一个容易让我们白费功夫还无法获得利润的错误想法。

关注用户的"价格敏感度"很重要

我们在研究产品定价时，还要关注所针对用户的价格敏感度。当你的产品产生价格波动时，如果买家的反应非常强烈，能够立刻发现价格的变化，并影响他们的购买决断，说明买家的价格敏感度是比较强的；与之相反，如果买家对价格的波动反应并不大，价格的升降也不太影响你的产品销量，就说明买家对你的产品的价格敏感度是较低的。

一个企业或店铺所喜爱的买家，往往都是价格敏感度较低的买家，所以很多店铺也将降低买家价格敏感度作为自己的一个营销目标。

在电商平台上有一个普遍的现象，大部分买家的价格敏感度都比在线下购物时更高。举个简单的例子，当买家在超市里购物时，一盒酸奶的价格可能在五元到七元之间，但是买家在购买时往往比较爽快，并不会太过关注价格的变动。可是当他们在电商平台上购物时，酸奶的价格定位在五元以上，他们可能就会放弃购买，单价上涨低于一元，他们也能反应过来。这是因为，相当一部分买家选择电商的初衷就是源于求廉心理，所以他们对价格的敏感度就会上升。

但这并不意味着我们不能使买家的价格敏感度降低，我们可以先从影响买家价格敏感度的因素入手去分析，看看什么样的产品能让他们的价格敏感度降低。

首先，同类产品越少、替代品越少的产品，买家的价格敏感度就越低。当你的产品全网仅此一款时，只要买家真心想购买，就不会因为它的价格升高或降低而改变想法。但如果同类品过多，则意味着买家有更多货比三家的机会，他们的价格敏感度就会随之上升。

第二，则是产品的用途和它对买家的重要性，这也决定着买家的价格敏感度。当你所售卖的是顾客生活中的必需品时，即便价格波动较大，买家也不会特别受影响，因为这些产品对他们来说是非买不可的。当然，这种情况必须是在此产品同类品、替代品较少的情况下才会出现，或者整个市场的价格波动都一致时才会出现。比如春节的时候，市场上新鲜蔬菜的价格都会大幅上涨，这个价格波动是整个市场统一的，而涨价的又是生活必需品，所以即便贵也不会影响买家的购买。

第三，产品的品牌也是影响买家价格敏感度的重要因素之一。品牌会带来粉丝，粉丝就意味着对这个品牌推出的产品有一定感情、十分忠诚。对于这些感情上忠诚的用户来说，价格的波动往往不是影响他们选择的原因。想发展成为这样的品牌，在一开始有明确的价格定位是非常重要的，如果你定位于低端市场，之后想将价格调高，做高端产品，就十分困难了。

虽然各项因素会影响买家的价格敏感度，但只要采取合理的营销策略，我们也可以通过定价来降低买家的价格敏感度。当你成功做到这一点时，会发现你的买家付款更爽快了、交易过程更加愉悦了，买家的满意度也会上升，而过去那些难缠的客户似乎都不见了，这就是价格敏感度降低的好处。

第一个降低买家价格敏感度的策略是利用相对的价格错觉，让你的主推产品与店铺中的其他产品有一定性价比差距，这会让买家更容易接受这个价格。在一些店铺促销期间，你会发现一些折扣套餐产品的价格并不低；但你点入店铺研究单个产品的价格时，则会发现相比之下套餐产品的性价比非常高。

在这个过程中，最开始你可能是无法接受套餐价格的，但比较之后你对套餐产品的高价就有了一定的接受度，并且会认为这个价格让买家得到了很大的便宜。这就是心理上的认知变化，买家的价格敏感度就在比较当中降低了。

提高产品的转移成本也可以让买家的价格敏感度降低。这就是前面我们讲的要提高产品的用户黏性，让消费者习惯并依赖于我们的产品，这样，当用户想转而选择其他产品的时候，就会发现转移过程中的耗费的时间、精力与金钱是难以接受的，所以转移成本的提高可以让我们的用户更加忠诚。

现在，手机厂商们往往都会推出不同的、具有特色的UI，也就是交互界面，这就是在提高用户的转移成本。当习惯了使用某品牌手机后，你就会发现即便自己对另一品牌的手机产生了兴趣，也很难做出割舍与改变，因为你并不能很快适应一个新的交互系统，不愿意付出转移成本。

这就是不少厂商不愿使用原生的安卓系统，即便自己推出的系统还不如原生安卓体验感好，也一定要坚持使用独具特色的手机系统的原因，因为这种方式可以让用户对自己品牌的手机有熟悉感，提高用户的转移成本。

最后，通过降低购买的准入门槛，也可以让我们的消费者对价格的敏感度下降。在淘宝平台上最典型的例子就是现在的预售模式。一件售价五百元以上的外套可能会让消费者犹豫，但是在预售期间，你只要付五十元的定金就可以预定这款外套。虽然消费者后续还是要补全金额，消费的额度是一样的，但是通过付定金的方式就降低了消费者的购买准入门槛，让他们更容易为低价的定金而付款。

　　根据淘宝的规则，付款之后即便后续的金额没有补全、不再购买这件产品，预付的定金也不会退还，也就是说这种形式又提高了用户的转移成本，让他们很难轻易放弃已经选择的产品，转而做其他选择。所以消费者即便有所犹豫，最终也往往会决定购买。

　　通过综合这些办法，你也能找到适合自己店铺的方式来降低消费者的价格敏感度。

确定价格,需要分三步走

在考虑了多方信息并对产品定位之后,我们将确定产品的价格,此时需要考虑一些更重要的因素,也是这些因素影响了我们最终的定价。

首先要考虑的一个问题就是一个产品的定价是否能够做到利润最大化。或者先不提利润最大化,只要是希望产品带来足够的利润,就一定要考虑两个方面——产品的成本和用户所能接受的最高价格。前者是定价范围的下限,后者是定价范围的上限,你的产品定价必须在这两者之间,千万不要做出错误的判断。

在销售活动开始之前,考虑成本这件事其实是非常复杂的,经常有一些新手店铺因为考虑成本不够全面,导致在销售过程中才发现自己的产品其实是在赔本赚吆喝。所以,在考察产品成本的时候,一定要检查一下自己对产品的成本分析是否囊括了方方面面,对产品在市场上的销售假定是否全面,有没有遗漏的情况,要确保成本分析中所有的资金投入都是合理的。最后这一点尤为重要,我们一定要做到能从营销的角度解释所做的成本分析,否则我们很难掌握自己到底赚了多少钱,对赢利的情况不够了解,就极有可能出现不赚反赔的问题。同时,通货膨胀导致的货币的变动情况也有可能影响我们最终的成本,在定价时也要考虑这些问题。

而确定用户所能接受的最高价格，就是我们在试水爆款时需要做的事情了。通过简单的前期投放，收集市场对价格的反馈，可以让我们得到一个比较准确的结论。

除了这两个方面，在电商平台上推广一个产品，竞争问题也是必须考虑的，这也是影响我们定价的因素之一。假如我们所要投放的产品在市场上已经有了多个同等水平的竞争者，那就可以将产品的价格调到略低的水平，保证可以让我们在竞争的时候有价格上的优势。之所以做出这样的选择，是因为一个新产品在刚刚投入市场时，要与竞争者分夺他们已经拥有的用户，就势必要做到性价比高，所以价格上稍低是有必要的。但要低到什么程度？是否要去打低价格战？这就要根据产品和市场用户的定位来区分了。

大部分产品在定价时都要考虑以上这几个因素，总结起来，我们可以通过三个步骤来确定产品的价格：

第一步，确定你想达到什么样的价格目标。在这之前，我们已经规划好了产品的目标市场，也对产品要有什么样的定位、针对什么样的客户有了明确的判断，此时就要把价格同你的营销策略联系在一起，要让价格贴合你的产品和店铺定位，贴合你的用户需求，这就是我们所说的定价目标。

第二步，确定价格的范围。产品的成本价和用户所能接受的最高价是定价范围的下限与上限。前者保证我们能找到收支平衡的那个价格点，这样才能让我们在获得利润之前做到不赔钱，之后，我们就可以根据对市场和用户的调查以及前期的测试数据，估计一下我们能否在销售时达到收支平衡，或者说我们能有什么样的利润空间。

要注意，我们应该设立一个利润目标，就像王健林的小目标是先赚一个亿，虽然听起来冲击性大了一些，但这其实就是一个短期内的利润目标。定下目标，我们的定价和销售就都应该向着这个利润目标前行，当你发现产品的销售情况无法达到自己的利润目标时，就应该及时调整销售策略。所以，确定一个合理的、能够达到的目标是很重要的，这样你才会更有动力，才会将事情做得更好。

而客户能接受的最高价格，与能让客户满意的价格往往不是重合的。如果你的买家价格敏感度不高，你所设定的价格就可以略高于客户满意价；如果你的买家是价格敏感度比较高的群体，那最好就将价格设定在让他们满意的范围内，这两者的处理方式是不一样的。

第三步，就是要根据市场的竞争关系来确定价格。在电商平台上，所有的市场几乎都有竞争者，所以我们不仅要考虑自己的产品成本与定价的问题，还要考虑竞争者的产品成本与定价，甚至要考虑到在我们的产品上市后，他们的产品价格能有怎样的波动幅度。假如竞争者的产品成本比你更低，就意味着他们更容易与你打价格战，我们就不一定要走低价路线来打击对方，因为只要竞争者反应过来，他们的价格完全可以比我们更低，这样我们就陷入了一个低价的误区。

具体应该怎么办呢？在考察成本之外，还要考察一下产品之间的差异性。假如竞争者的产品价格虽然低，但质量却比不上我们的产品，而且产品的评价也不是特别高，我们就可以让自己的价格略高一些，以表明自己的产品质量好。当然，由于我们在竞争的过程中，最主要的目的是让自己的产品看起来更值得购买，所以定价也不要与竞争对手差距太大。

以上这三个步骤就是初步定价的方式，在对产品有了一个明确的定位之后，确定价格其实并不难，不过这确实影响我们是否能打造爆款，是否能获得足够的利润，所以一定要重视。

第九章
掌握"三大法宝",轻松做成皇冠店铺

法宝一：利用好淘宝"直通车"

实现精准推广，须巧妙匹配关键词

在如何利用直通车测试爆款的那一节中，我们已经初步介绍了淘宝直通车的用途，其实除了测试爆款之外，直通车也可以成为店铺推广、爆款打造的重要途径。

直通车在宣传的时候，就强调其"精准推广"功能。当你设定了上架商品的关键词，只要有买家搜索一样的词汇，就能在页面展示位上看到你的商品，这就是直通车的作用。你会发现在这个过程中，关键词的确非常重要，一件商品可能有多个属性，而你所选择的描述其属性的关键词，很有可能影响商品的流量。因为，在淘宝上有些关键词是热词，搜索浏览的买家比较多，有些关键词却乏人问津，然而这两个关键词都可能用于描绘同一件商品。所以，设定的关键词好不好，将直接影响利用直通车推广的结果。

很多卖家认为，既然关键词关系到了商品的流量，那只要尽可能多地设定关键词就可以了，就连淘宝的官方教程也告诉卖家，要尽量多设定关键词。而淘宝每一款商品的是关键词上限是800个，这个数目几乎不可能达到，也就是说，我们可以轻松做到设定很多关键词。但你会发现，如果你真的选择了这条路径，只是白白地将宣传费送给了平台，因为增加关键词要收相应的费用，而大量关键词也并不能真正给我们带来准确的用户，这其实违背了直通车本身所说的精准推广的概念。

我们利用直通车来推广商品，想吸引的就是我们主要面向的买家，关键词越少，筛选出来的买家群体就越有针对性。买家的个人爱好、年龄层次、搜索和购买习惯，以及对产品价格、材质、品牌等的选择，都可以体现在关键词上。如果想让产品的关键词精确地指向买家的特性，你会发现这样的关键词是很少的，而只有这种基于多方面考虑所筛选出来的关键词，才能吸引我们想面向的主要客户群，才能达到精准推广的目的。

如果你只是针对产品的特点随意增加关键词，短时间内会带来大量的浏览量和点击率，但从长远来看，点击产品的用户中只有一小部分是真正会购买的买家，剩下的大部分都是无用的点击，这些用户既不是我们主要的客户群，也对我们的产品不太感兴趣，只是因为搜索到了关键词才点击进来的，这些流量就基本上都是无效的。

所以，在做淘宝直通车时，设定关键词一定要注意与商品的特点、商品的标题相关，假如你上架的是黑色衬衫，就不要设定"白色"为关键词，这样就算带来浏览量也不会提高转化率。同样，关键词的设定一定要与标题所用的词汇紧密相关，保证买家在搜索这个关键词时，能够在页面中看到我们的宝贝。搜索出来在页面的哪个位置不是我们所要关注的，哪怕在几十页之后，只要能搜索到就可以。

确定这样8~10个关键词之后，我们就可以在直通车中推广它们。最开始不要想着一次性投入大量资金，然后将关键词推广到前几名，这样浏览量是有了，但是作为一个尚未火爆的新产品，转化率并不一定能得到提升，反而在营销上花费了大量的资金，得不偿失。所以，最开始的目标只要设定在将关键词推到十名左右即可。

这样就能带来一定的曝光率，能让我们的商品在淘宝上人气攀升，初步形成爆款的雏形，在商品的搜索页面上位置也会逐步前移。接下来，我们只要保证直通车的推广情况保持在稳定的状态即可，然后将精力都放在店铺上，专心累积销量、做好售前售后服务等，让第一批买家满意，这是打造爆款的必要准备。

随着长时间的推广，我们的商品的转化率会不断攀升，成交量也会增多，此时商品本身就能够带来一定的流量，而不是单纯靠关键词引流，这时我们就可以再次将精力放到直通车上，加大推广的力度，让我们所选定的关键词进入前五名。在商品拥有一定人气的基础上去做这样的营销，会比一开始就将关键词推上榜更有益于我们的店铺，这才是有效提高转化率的方式。

在重复累积销量、推广关键词的过程中，我们就可以利用直通车来打造一款爆款。对于新卖家来说，一个爆款的前期推广中直通车还是非常有用的。

规划你的推广结构，让直通车效果最大化

关于利用淘宝直通车推广这件事，不同卖家往往会有不同的反应，有的人从淘宝直通车上赚到了钱，有的人却认为这让自己赔了钱。事实上，直通车的确能够带来一定的推广效果，但是如果你使用的不好，推广成本高于实际利润，就会出现赔钱的情况。所以，直通车能否给我们带来利润，关键还是看我们怎么样去利用直通车来进行推广。

首先，我们在进行推广的时候，不能盲目上马，而是要仔细地规划我们的推广结构,这样才能用最少的钱让直通车产生最大化的好效果。

当打开直通车时,你会发现直通车的推广计划不止能设置一个,而是可以设置多个计划。既然只在淘宝这个平台上进行推广,我们还需要不同的计划吗?当然。

根据不同的情况设置不同的计划,是规划直通车推广结构时最重要的办法。如果你只制订一个计划,铺展到整个范围,然后将所有的关键词都加入这一个计划中,往往结果并不会很好。我们要做到精准推广,就一定要根据不同客户的特点和习惯来进行细致的划分,每一个划分点都意味着有不同的关键词,所以就要设定不一样的分计划,不能只用一个总计划来实行。

以不同的计划来进行直通车的推广,可以参考下面的例子。我们都知道,淘宝的市场面向全国各地,而在这样广阔的市场中,消费群体的用词习惯也是不一样的。就拿最简单的内衣来说,在东北尤其是黑龙江地区,人们习惯将内衬的裤子称呼为"线裤",而在中原与华北地区,人们更习惯将其称为"秋裤",到了南方长江中下游地区,人们则爱用"棉毛裤"这样的称呼,这就是区域不同而产生的不同的用词习惯。如果你在进行直通车推广时只设置一个关键词,就很有可能导致搜索另外两个关键词的用户无法看到你的推广产品,而事实上这三个称呼的所指是一样的。如果你选择在全国范围内同时推广这三个关键词,所要花费的推广费用又较高,也就是说不能让我们的推广效果最大化。

此时我们就可以设定三个账户,分别按照地域来进行投放。针对东北地区登录的用户,显示搜索"线裤"的结果,中原及华北地区的用户会在搜索"秋裤"时看到推广,而南方的用户则会在搜索"棉毛裤"时看到。在这三个区域分别设置不同的搜索关键词,能让我们更大概率地精准推广,而且能节省大量资金。

这是设置分账户其中一种方式,如果你的产品所面对的用户群有多个,而他们习惯购物的时间段不一样,你也可以分设多个账户,根据时间的不同来设定搜索的内容。这样每个账户的针对性就更强了,不同群体的客户搜索出来的结果将更加精准,效果反馈到整体就会有加成的作用。

第二,我们在规划推广结构时,可以根据地域进行投放,这种投放的划分不仅能精确到某个省、某个区域,甚至还可以精确到每个市。假如你所推广的产品在线下也有一定的销量,你就可以有针对性地对其所在的城市增加推广量,这样可以让本市的买家更多地看到你的产品,增加产品的有效销量。举个简单的例子,假如你在淘宝上进行同城售卖,比如定制蛋糕、鲜花等,就需要定点投放到每个市,而不是对大的区域进行直通车推广。

而这种针对地域进行推广的方式,也可以帮助我们测试款式。通过分析半个月到三十天的数据,我们可以看到哪些城市集中着我们的客户,哪些城市的购买和浏览行为较少……通过这种分析,可以过滤掉那些完全没有买家或者买家较少的城市,在以后的营销当中做到更加准确的规划。

最后,在规划直通车时,你还要注意分析匹配方式。大多数人都会选择精准匹配,因为我们所要做的就是精准推广,精准的匹配可以保证点击率的有效性,不至于吸引到毫无兴趣的买家,这样就能够提高转化率。相反,如果在淘宝提供的匹配方式中广泛匹配,我们得到的结果则是最难以控制和预期的,但是,是否我们就一定要选择精准匹配呢?

选择匹配方式,还是要根据产品的性质来决定。刚开始我们无法掌握好点击率的高低,可以先采取精准匹配的模式,在分析一段时间之后,如果我们发现商品的点击量较少,很有可能就是关键词设置得不准确,也有可能是匹配方式有问题。这种情况下，精准匹配就不那么合适了。

比如在做日本药妆时，如果你设置的关键词是"日本"，那么买家只有在搜索日本时才有机会看到你的产品，可是这些买家真的就是你的主要客户群吗？显然不是，但你的关键词设置也不能说有问题，所以此时要注意匹配方式的选择。

匹配方式可以有效地帮助我们把握点击量和引流来的客户群体，所以我们可以先选择精准匹配试水一段时间，然后根据情况逐渐调整，保证流量和转化率处在一个合理的范围内。这就告诉我们，在规划直通车推广结构的时候一定要做到经常变通，根据即时的情况制订适宜的办法，这样才能让直通车推广效果达到最大化。

日限额和地域推广设定的小技巧

直通车的推广并不是免费的，根据关键词的设置、推广的力度和范围、通过直通车推广引流来的流量不同，会有不同的收费。所以一开始，很多卖家会发现自己的推广成本超乎意料得高，莫名其妙就在直通车中花掉了自己的第一笔推广费，但却很难得到满意的结果。这就意味着，我们必须要有计划地限定流量，让推广成本真正发挥作用。

不管是直通车推广还是其他推广方式，在营销时最需要注意的就是，不要将所有的精力都放在短时间内涌入的流量上。爆款的打造是需要周期的，我们需要长时间的曝光才有可能打造出爆款，短时间内过度曝光往往会浪费许多流量，但后继乏力，就必然会半途而废。所以我们在做直通车推广时，一定要对每天的点击率和客流量进行限制，将有限的推广费尽可能多地安排在一个周期内，这样才能有计划地达到推广目标。

做到这一点，可以设置日限额进行推广。我们新建一个推广计划时，能够在页面的上方找到"日限额"的设置按键，不设置日限额就意味着，只要有机会，直通车就会给我们进行推广、引流来客户，直到账户中的推广费用全部用完为止。当想在市场上快速打造爆款、有足够的资金预算的情况下，是可以不设置日限额的，但对一般中小卖家尤其是新开店铺的卖家来说，最好还是根据自己每日能承受的推广成本来设定一个限额。

你可以将预算中的每日推广费设定为限额，比如你想在一个周期内推广自己的产品，计划平均每天在直通车上花费五百元，就可以将当日的日限额设定在五百元左右。这种设定可以防止我们快速地消耗掉自己的预算，保证我们能够收集到整个推广周期的数据，也能获得完整的推广效果。

而设定日限额之后会有两种不同的推广方式，第一种属于标准方式，就是根据你设置的条件，淘宝平台会正常地展示你的宝贝，当你的宝贝产生的流量累计消费超过了当天的限额时，推广计划就暂停了。

另一种方式则是智能化均匀投放。顾名思义，这种投放方式会更加智能，直通车系统会根据你每日的限额计划，将预算均匀地分配到每个时间段，一旦当前时间段的流量超出了预算，就会在当前时间内停止推广。在最开始，我们不需要设定这种智能化方式，因为我们的用户流量并不是均匀地分布在每天的每个时间段的，如果均匀投放，在深夜凌晨、工作时段等浏览量比较少的时间内，很有可能达不到预算，而在浏览高峰期则会错失有效点击。所以，初期最好还是设置标准推广，这样的数据也更有研究价值。

地域设置也是会影响我们推广效果的一个选择，你选择了某个地域作为直通车的推广目标，那么就只有这个地域的用户在搜索淘宝关键词时有机会看到你的推广内容，其他地域的用户就看不到了。地域推广的设定有利有弊，还是要根据具体情况来分析。

在商品刚上架，还没获取反馈信息的时候，我们可以开展全地域推广，让所有的用户都可以搜索到这个商品。这样推广一段时间，一般是半个月左右后，我们就可以获取一些重要数据，比如每个地区的用户浏览量分别有多少，通过分析这些地域数据，我们就能确定哪些省市的用户群最庞大，哪些省市缺乏点击量和关注度。

此时便进入第二阶段——精准投放阶段。筛选掉那些缺乏点击量的地区，只留下有主要客户群的地区进行精准投放，可以帮助我们的宝贝在后期进行数据优化，转化率也会得到提升。

商品的其他情况也会影响我们推广地域的设定。比如当你的商品利润不高时，可能只能做到非偏远地区包邮，而如果我们想用包邮来推广并提高流量与转化率，就可以先取消偏远地区的投放。

这些都是比较基础的直通车设置技巧，但是如果利用得好，则可以帮助我们少走很多弯路。

根据"直通车"数据，优化你的营销

我们利用直通车进行推广，就是一个营销和宣传的过程，这个过程的方式是可以不断调整的，直到找到最好的途径，也就是我们所说的优化营销方式。下面就来看看，如何在直通车推广时进行营销优化？

优化营销策略的第一个要点，就是可以在活动期间选择进行直通车推广，这是一种很好的多方面营销的方式，既可以带来有效的流量，又能因为有竞争力的活动内容提高转化率，这比平时进行直通车推广更加有效。不管是自家店铺的活动，比如满减、优惠券派发、各种节日特价等，还是整个淘宝平台的活动，如双十一、6·18等，我们都可以在活动的同时进行直通车推广。

不过这里我们要说一个问题，那就是不能将推广的希望只放在直通车上，直通车的数据可以帮助我们优化营销结构，也可以作为营销的一环，却不能成为全部的营销途径。如果想在短时间内获得大量的销量，选择参加返利网、折八百等第三方网站举办的活动，再配合直通车的推广，可以带来大量的流量。而且前两者这样的购物网站所引流得来的买家，往往都是比较有购买意向的，属于能够提高短期内商品转化率的营销方式，是比较理想的方法。

三只松鼠在做天猫平台时，就采取了利用第三方网站做活动的方式——通过全平台的投放活动，以质优价廉的产品赢得了消费者的青睐，这才迅速站稳了脚跟。由此可见，我们不能单靠直通车来做推广。

而直通车推广走上正轨之后，就要根据它的数据反馈来优化我们的推广方式。直通车推广的好处就是能给我们提供详细的、准确的数据，这个数据经过分析之后，还可以反作用到营销方式上，达到优化营销策略、将营销效果最大化的目的。

一般来讲，主要是从下面几个方面进行营销优化和改进：

首先，是商品的流量来源。根据前面几节的内容，你会发现推广商品时不能采取一个计划走到头的策略，而是要根据不同的特点、分市场制订不同的计划，然后就要提取数据，研究一下推广商品的流量都来自于哪些计划、哪些关键词。这样就可以筛选出推广效果最好的计划和关键词，改变推广模式，达到低价、精准推广的目的。

除此之外，还要根据点击率来进行推广优化。你所推广的商品中哪一个点击率最高，就将下一步的直通车推广重点放在它身上，同时也要根据这个商品的特点对其他宝贝进行改进。比如是不是这个商品的主图更有吸引力、价格更低？是商品有优势，还是因为标题更加精准吸引人？找到高点击率商品的特点，然后改进其他商品，接着再以主推一个、副推多个的方式做直通车推广。

然后，我们需要看看直通车的平均点击花费是多少。这样的花费可以通过提高直通车推广中的质量得分，以及将关键词"踩高捧低"来得到。前者比较好理解，就是操作数据，后者是什么意思呢？就是说如果你的关键词平均花费较高，就意味着投入多、点击率少，这样的关键词就不用出高价、争排名了，可以降低价格，然后找到平均花费低的那个关键词，采取扩词操作，增加资金投入。这样一来，直通车的模型就规划得更加科学了，你的关键词成本也将降低，而推广效果会更好。

最后，点击的转化率更是我们要分析的重中之重。转化率提高意味着利润的上升、推广更加有效，所以要选择不同计划与关键词中转化率较高的那一个作为重点推广内容，加大投资，提高价格，让钱花得更值得。

通过这些优化方式，我们的直通车推广效果将会越来越好。所以，推广的过程是要时刻根据情况调整的，千万不要一成不变。

法宝二：让你的产品更容易被搜索到

巧妙设置搜索，让产品"刷脸"成功

想让我们的产品更容易被买家搜索到，就一定要优化搜索引擎，这样才能有效提高自然搜索的排名。

如何设置我们的商品可以优化搜索呢？首先，一个好的标题加上好的产品属性是很重要的，而主推宝贝的显示图也是影响点击量的因素之一。可以说，当买家在搜索的时候，如果不点进我们的宝贝页面或者店铺页面仔细查看，看到的就只有这三个方面的信息，这三个信息不仅关乎我们的商品能否被高概率地搜索到，更影响我们的商品能否给买家留下好印象。想"刷脸"成功，就一定要注意优化这些信息。

首先是标题，标题的设定直接决定商品的流量。在首页选词时，我们会发现选择的词汇一定要结合淘宝搜索栏下的类目名称来设定，尽量将上架的商品归到一个类目中，并显示出来。而点开首页搜索栏的类目进行查找，你会看到淘宝上这一类目下的产品，有哪些关键词是官方主推的词语。比如在"衬衫"这个类目下，一段时间内的主推词语可能会是"复古""简洁"等，而重点推广类目是官方主推之外的另一些热词，一般显示为红色，如果你准备开通直通车进行推广，就可以重点"攻占"这些词汇。

把你的商品标题与主推热词联系起来，就意味着能在更多的买家群体搜索的页面中看到你的商品。如果你随便设定一个过于"标新立异"的词语，搜索出来的结果倒是比较少，让我们能成功PK掉竞争者，可也意味着没有多少消费者会这样搜索，这是相当错误的设置办法。

经过初步总结，我们在设置商品标题时可以注意以下几点：你所选择的词语是不是淘宝用户群体习惯搜索的词语，符不符合大众的用词习惯；你所设置的标题是不是能与淘宝主推的词语产生联系，符合淘宝官方期待的发展方向；根据数据软件进行分析后，改进的词语有多少……这些都能影响我们的商品被搜索到的概率。

除了标题，图片也影响我们商品的"刷脸"效果。在淘宝发展的这些年里，商家几乎在各种营销方向上费尽脑筋，商品图片当然也是重点关注方向之一。前几年，淘宝常常出现这样的主推图片——没有商品照片，只有几行歪歪扭扭的字，写着诸如"美工放假，老板不会PS，低价甩卖"等文案，这种方式靠着卖新奇和卖"老实"着实是火了一阵子。可是这样的"创意"只能短时间有效，想真正做好店铺，你就要将商品在图片上显示出来，而且要能更好地传达你的营销信息，比如降价、打折、返利等各种内容。

要始终注意，商品的主图应该主体清晰、特点鲜明、有吸引力，千万不要太过杂乱，也不要没有美感。然后，需要在图片上以加粗加大的方式显示必要的信息，必须保证在搜索界面上，当商品图片较小时买家也能看清楚内容。要知道，我们的图片最终是给买家传达信息，不是自己看着好就是好，而是买家能被吸引注意力、买家看着好才是真的好。一定要从买家的角度去审视商品图片，这样才能发现是否设置得够好。

当你设定好标题与图片时，不是就大功告成了。这样的设定在搜索平台上能产生什么影响、"刷脸"频率和效果能不能再提高，都需要经过实际测试才能得知。所以我们要进行充分的测试，然后通过软件来分析流量的来源，看看从首页搜索引入的买家流量有没有升高，再进行后续的改进。淘宝搜索框中显示的主推词往往一段时间就会换一批，我们必须时刻跟紧潮流，随时根据淘宝新换的推广词来对我们的商品标题进行相应的调整。但要注意，这种调整一定要贴合产品特点，不要只想着"蹭热度"，这样不仅属于违规行为，也不能带来有效的浏览量。

而且要记住一点，商品最主要的关键词，与属性、功能有关的词汇最好少改，频繁更改这些词汇会对商品的销售产生不利影响。

以上几点会直接影响我们的商品的"刷脸"结果，如果想要设定好这些信息，还是需要很多小技巧的。

提高搜索排名，带来更多流量

想让我们的商品有高点击量和转化率，仅仅做到让它被搜索到还不行，还要有效地提高搜索排名。试想一下，你在淘宝上购物时，会将搜索到的商品的所有页面都翻一遍吗？显然不会，比如我们在搜索"羊毛衫"时，可能会出现几百乃至几千万件商品，我们不可能把这些商品都浏览一遍。大多数人往往在浏览完前20页时，就已经决定自己要买什么了。如果你的搜索排名比较靠后，可能买家根本没有机会看到你的商品就已经做出了决定。

这样一来，就算你做再好的标题去蹭热度，做再吸引人注意的主图，都不能提高浏览量——因为连被买家看到的机会都没有。所以，提高搜索排名是必需的。

首先，我们注意到，淘宝经常会针对搜索平台进行调整，我们必须避免那些"违规"的操作，否则排名不仅无法上升，还会受到淘宝的处罚，得不偿失。在淘宝搜索系统中，"作弊"是很严重的违规行为，出现作弊行为的卖家往往是在针对搜索系统进行优化时，使用了一些不真实的、虚假而极端的方式，让自己的宝贝搜索排名提高，但这种竞争是不正当的，所以会被列为作弊行为。虚假交易、故意将产品放在错误的类目中、重复多次铺货、多次重复开店、为了蹭热搜在标题上加入大量无关词汇等，都属于作弊行为，一旦被发现会受到处罚。

想推广我们的商品不是没有捷径可走，但这个捷径一定不能是违背规则的。千万要记住，你所想到的捷径别人都可能想到，但为什么偌大的淘宝一直没有人使用？显然，这就可能是有风险的，需要我们更加谨慎。

其次，通过提升顾客的满意度来提高店铺、宝贝的综合评分，可以让我们的排名上升。当淘宝买家在利用搜索引擎搜索产品时，在排序方式里有多种选择，比如"按照信用排序""按照价格排序""综合排序"等，不同的排序方式依据的是不同的数据，所以我们要关注的不只是让产品热度高，综合评分也要高。卖家违规扣分的情况、退款数额占据总销售数额的比例与次数、超时退款占据总销售数额的比例、被受理的买家投诉数量、发货快慢、物流打分乃至客服是否能快速响应，都将成为衡量买家满意程度的指标，也都是影响商品排名的数据。

我们想让自己的商品排名提高，在不断推广、合理优化搜索引擎时，更需要关注买家的看法。所以，做好产品与服务才是最基本的，这是决定我们能否被搜索到的重要因素之一。

只要保证商品的标题准确、价格有优势、图片清晰吸引人，然后做好服务保障，并通过站内外推广提高成交量，你的搜索排名就会逐渐上升，这是提高排名最基本的方式。除此之外，我们还可以通过提高售后评分的方式来提高我们的商品的排名。

买家在完成一笔交易之后，会根据服务情况、产品质量等对我们的产品进行评分。不做淘宝卖家之前，你可能很难理解为什么卖家会对一个差评这么介意，为什么会因为店铺各项评分下降而焦急，这是因为这些数据都会影响卖家商品的排名，一旦评分掉下来，商品也就跟着从"货架"上掉下来了。

举个简单的例子，我们在随便搜索一款商品时，会发现商品的排名并不是完全按照销量来排序的，一些销量很高的商品反而只能排在下面，为什么呢？这是因为它的综合评分下降了。当你点开商品的页面后，可以观察一下它们的店铺评分，"描述""服务"和"物流"这三项店铺评分如果高于同类卖家，就会显示红色，低于同类卖家则显示绿色。能够排在前面的商品，店铺评分都是较高的，这就是淘宝显示产品时的原则——根据用户的满意度来排序。

因此，我们要重视爆款的好评率，重视它的评分。因为店铺中销量最多的商品，其评分不仅影响这款商品本身，更会对店铺的整体评分产生巨大的影响。要是店铺评分不足，信誉度不高，又难免会影响店铺的商品，难以形成爆款。

想让你的商品提高排名，前期多做活动，以秒杀、聚划算、折扣等让利活动为基础，吸引销量、提高信誉，然后再多参与淘宝官方的节日活动，流量一般很容易累积。流量累积起来后，就要靠评分帮助我们冲排名了。

上下架时间把握好，搜索页面更靠前

如果你经常逛超市，就会发现超市、商场的货架陈列并不是随意设计的，货品的陈列方式往往会影响它的销量与超市活动的结果，所以，一个好的大型超市在陈列商品上一定是非常有技巧、有特色的。同样，淘宝的货品陈列也很有技巧，这里我们所说的，不仅是店铺中的商品安排，更是上下架的时间。选择好上下架的时间，你的商品排名将更靠前，同样的数据与商品，能够获得更多的曝光度和推荐，达到四两拨千斤的效果。

为什么上下架时间这么重要呢？当进行关键词搜索时，你会发现上架宝贝在搜索页面的前后位置，与距离下架还有多长时间有一定的关系。越是快要下架的产品，越容易排在前面。

这是淘宝的一种促进公平的手段——越是快下架的产品，展示的时间越短，所以排在前面的机会就应该更多。你会发现，当你的宝贝即将下架的时候，其排名是最靠前的，淘宝给予的宣传位置和效果也是最给力的，尤其是在最后几个小时乃至几十分钟内，几乎可以达到宣传位置上的"突破"。

如果我们能利用好这个时间点，就可以不靠花钱推广、不靠刷业绩来轻松获得好的"推荐位"。试想，如果你的商品即将下架的时间是在深夜、凌晨等买家浏览量最少的时候，比如凌晨3~5点之间，那么即便商品排在前面，又能引来多少浏览量呢？这个好机会就基本上白白浪费了。所以，控制好宝贝的下架时间很重要，而下架时间是根据上架时间的设定来决定的。

要知道，商品上架后的时段长度是按照天数来设定的，每个整天就是24个小时，所以什么时候上架决定了你的商品什么时候下架。如何将下架以前带来的优势利用到最大化？并不是说别人眼中的"黄金时段"就一定是我们店铺的黄金时段，一定要对店铺、商品的流量数据有深刻的分析才能得出自己店铺的黄金时段。

计算一下，一段时间内平均在哪个时段中你的店铺浏览量最高、商品的成交量最大，这需要我们通过专门的数据软件来统计。而这个时间段往往还会因为活动影响产生变化，如果你的商品在一段时间内曾参加推广等活动，还要分析一下在推广活动开始后的多久时间内，流量达到最大。

这样，假如你不准备在上下架时搞活动，就可以直接根据日常情况下流量最大的时段设定上下架时间；如果你准备在上下架时搞活动，就根据活动开始后的流量最大时段来设定上下架时间，这两个时段可能是不一样的，所以我们一定要根据不同情况来确定。

假如流量最大的时段是在晚上6~10点，我们就可以将这个时段设定为上架时间。首先，我们先选择产品的上架周期，如果想多利用几次下架前的"免费宣传"，就将其设定为7天，与14天比起来，我们就可以有更多机会"刷脸"。

然后，就是要选择上架时间了。假如你的店铺流量比较分散，在一个较长时间段都有大量流量，可以分多次发布几个不同的新品，比如每隔半小时左右就设定一款产品上架，这样可以保证这些产品上下架的时间分开，完美利用整个时段。如果你设定的产品上下架时间是一样的，它们就会同时上架、下架，而每个产品都可能带来关联流量，买家在点开一个产品链接时，往往会关注一下店铺或者其他商品，如果同挤在一个时段下架，这种关联流量就浪费了，不如分时段进行。

如果你的商品种类丰富、经营时间充足，最好做到每天都能在最佳时段上架一批商品，坚持7天。这样在未来的下架周期内，你的产品每天都能获得不错的曝光量，而不会只有一天享受这种流量福利。对于商品种类较多的卖家来说，这种方式虽然辛苦了一些，却能从细节上对店铺的提升产生作用。

假如你选择去做直通车推广等活动，一定要主推即将下架的产品。这样两者互相加成，你就能获得最好的推荐位。

在实际操作过程中，卖家还可以根据自己的情况进行调整，我们的目的是将上下架时间优化到最佳，充分利用所有的流量红利来打造爆款，所以还是要选择最适合自己的方式。

法宝三：打好广告战，运营"淘宝客"

淘宝客是怎么做广告的

除了淘宝直通车推广外，还有不少卖家听说过"淘宝客"这一推广模式。不过也许新手卖家还不太清楚这到底是一种怎样的模式、是以什么方式进行推广的。这一节，我们将从淘宝客运行、推广的原理来进行分析，让卖家知道自己推广的宣传费是怎么花的、到底花得值不值。

"淘宝客"这个词语既是形容一种推广方式，也是形容帮助卖家以这种方式推广的人群。淘宝客的工作看似很简单，他们只要从推广专区选择卖家和想推广的产品，就能获得一个特殊的商品代码，代码往往是以链接的形式出现的。然后，淘宝客们只要将这个代码发在网络上，以各种手段吸引他人点击链接、购买，就算完成了自己的工作。

只要在网络上随便发发链接，就能赚钱？那卖家的宣传费是不是花得太冤了？这就要从淘宝客的盈利方式进行分析了，只有他吸引来的买家产生购买行为，卖家有了收益，淘宝客才能从中得到自己的佣金，而佣金的多少则根据成交量来计算。

也就是说，卖家选择淘宝客来帮助推广，最开始是毫无投入的，只有产生了利润，才会按照"利润分成"的方式付出宣传资金。所以对于中小型卖家来说，不需要投入太多、没有亏本风险的淘宝客远比直通车要有用得多。

除此之外，淘宝客还能带来无法估量的大量流量。在淘宝客平台上，大型的团体有着强大的推广宣传能力，能给卖家带来巨大流量。即便不选择大型团体合作，只要卖家想，也随时可以找到更多推广者帮助自己，推广范围则是全网，能带来的流量几乎是没有上限的。而淘宝客展示产品、带来点击流量的过程是完全免费的，不必担心选择的推广者太多而产生过多成本。

而且，淘宝客的推广持续性很强，你所选择的是一个销售团队，不是一次有时限的广告，只要这个团队认为可以合作，他们就能一直推广下去。当然，如果推广效果不好，淘宝客团队也可能终止合作，这一点也要考虑到。

淘宝客都是通过什么方式给卖家进行推广的呢？下面我们就来研究一下淘宝客最常选择的产品推广途径。

首先是通过网页推广。这种形似网站的网页一般以链接形式出现，点进去后就是对某一款产品的推广介绍。这样的推广方式比较"硬"，但是如果能将这种单个的网页建成有一定规模的网站，在上面进行专门的推广介绍，就可能引来一定的流量。事实上，现在的返利网等一些网站就是淘宝客推广的性质，只是在建立网站之后采取了返利的方式吸引浏览与购买。

由此可见，淘宝客的推广其实就是卖家在转嫁销售压力，将"营销"这一部分工作外包了出去，然后付出一定利润，而归根结底，不管是淘宝客还是卖家，都需要通过各种手段来吸引流量。

撰写个人微博也是比较常见的推广方式，适用于有一定粉丝量的"网络红人"。这就是卖家在利用淘宝客自身的"粉丝群"，将它发展为自己店铺最初的粉丝群。

除此之外，喜欢在各种论坛发帖、粘贴链接并推荐产品的淘宝客也不少。在论坛上讨论、推荐产品的同时，贴上购买链接，就很容易引导有同样需求的买家去购买。想聚集人气并吸引潜在买家的兴趣，所发的帖子就一定要有内容，所以往往会结合软文宣传，或者直接列为"种草贴""推荐贴"。如何将自己要推广的产品不动声色地加入其中，不让读者产生"做广告"的质疑，是成功的关键。

与论坛相似的还有淘宝自带的社区、淘江湖等。淘宝社区内一般都是复杂的买家秀、买家点评，如果买家秀足够有特点、产品品质和热度都足够高，就能够获得足够的回帖。淘宝客一般会注意经营自己的人气，以获得点击和关注，这样就能将产品推荐给别人。

除此之外，邮件群发也是一种推广方式，但由于邮件和购物之间联系不紧密，所以有一定局限性，只能作为一种辅助的、无成本的宣传方式。

综上所述，我们会发现，淘宝客的推广其实就是从买家到买家的推广，相比于卖家直接去宣传，只要方式巧妙，这种"打入买家内部"的宣传办法更加有效。所以，与淘宝客合作打造爆款，应该算是一种巧妙的好办法。

怎么招募和维护你的淘宝客

目前，淘宝上主流的推广方式付费都在逐渐提高，而巨额的投入在竞争激烈的市场上往往显现不出效果，所以当你的宣传资金有限时，不妨选择阿里妈妈等淘宝客网站进行推广。

可是，在确定这一计划之后，我们应该怎样找到淘宝客并与其达成长期的友好合作呢？这个过程需要我们研究一下，因为找到淘宝客很容易，但让他们愿意推广、愿意长期为我们推广却很难。

如果我们的产品本身流量较少，淘宝客往往会怀疑产品潜力——要是产品无论如何都无法成为爆款，他们的宣传推广不就成了白费力气？当淘宝客觉得投入远小于收益时，他们就很容易不再与我们合作了。

但是，产品如果本来就能带来大量收益，就意味着店铺将很快走上正轨，也就不需要淘宝客推广了。这是个矛盾的问题，我们要了解的就是，如何在最需要淘宝客的时候招募到愿意为我们推广的人。

招募淘宝客是个主动的过程，仅仅针对我们要推广的宝贝开通淘宝客功能是不够的，我们还要主动去联系对方，而不是等待对方在茫茫人海中主动找你。可以在相应的淘宝客论坛上发布帖子招募，也可以在淘宝等平台的社区中，联系那些热度比较高的帖子的作者、比较活跃有人气的成员来合作，让他们分享你的商品。除此之外，还可以直接联系比较大的网站，现在许多活跃的返利网站本身都是淘宝客性质的，比如返利网、51返利等，如果你想要比较好的、大型的宣传，直接与热度较高的返利网站合作是非常好的办法。

除此之外，我们还可以在主要搜索引擎中搜索我们的产品类型，寻找与之相关的网站。只要是同类型的产品网站都可以，通过联系他们的高层管理者或者站长来达到宣传合作的目的。

总之，你会发现真正要招募到合适的、有一定能力的淘宝客团队，一定要主动去搜寻，不要只是将自己的任务挂在平台上等对方上门，很多有实力的淘宝客团队都不会去主动搜索任务。

不过，招募到了合适的淘宝客及其团队并不意味着万事大吉，想让淘宝客为我们大力推广，就一定要让对方也能获得收益才行。我们寻找淘宝客正是因为产品推广有一定难度，而推广难度越大，淘宝客们就越容易放弃——因为这意味着他们很难拿到满意的酬金。所以，我们一定要将佣金定得合适，不要让他们认为"不值得"，这样很难找到愿意为我们"打拼"的淘宝客。

有时候佣金太高，我们自己的利润就会受影响，这该怎么办呢？除了佣金，还可以设立奖金制度，做到"引流越多，奖励越丰厚"。在设立普通佣金的基础上，足够的奖金会吸引一部分淘宝客。奖金制度可以设定为每达成多少交易，就奖励多少金钱或贵重奖品，达成交易越多奖励越丰厚，这样淘宝客们就会因此更愿意为你宣传，并尽可能多地引流顾客。这样一来，佣金本身就不必设定得太高，我们只奖励能给店铺带来较多收益的淘宝客就好，也就避免了整体上的宣传成本过高。

要保证淘宝客能长期与我们合作，与他们建立比较长久的联系是很必要的。一方面，我们在合作时要足够诚信、有诚意，树立良好的形象可以让下一次的合作更加简单。除此之外，还可以建立专门的淘宝客推广群，这样留下对方的联系方式，不仅交流起来方便，也方便以后再次合作。

淘宝客们帮助店铺做推广，往往不是自己制作素材，大多数淘宝客都要求店铺提供足够的素材，而他们只发挥渠道、推广者的作用。也就是说，推广的内容怎么写，软文或广告是怎样的，这些都需要店铺提前准备好，有些淘宝客还需要特殊的推广图片，店铺最好准备充分，这样合作才能更快捷，推广效果也能更好。

以上就是招募、维护淘宝客的要点，要想让淘宝客帮我们把推广做好，学会维护店铺与推广者的关系是很重要的，这种良好的合作必不可少。

利用淘宝客，做好广告突破

怎样才能利用好淘宝客这个推广途径，让我们的广告宣传效果更好呢？这并不是单纯招募一群淘宝客就能做到的，还需要我们做一些工作。

首先，店铺最好有专人负责淘宝客推广的工作，这可以让我们的运营更加顺畅，推广起来更加省心省力。这个人选最好是有经验的淘宝客推广者，或者淘宝客推广专员等，这些人相对熟悉淘宝客的运营方式，有操作经验，不容易出现失误。

这样做的好处是能减轻我们的负担；也能避免新手上路意识不足，在推广过程中出现问题。我们找到推广专员后，就可以让他单独、专门负责淘宝客的招募、产品推广和维护等一系列工作，只要给予足够的预算和要求达到的任务，然后直接由他向我们汇报结果即可，责任到人，非常简单清晰。这个岗位的工资最好与淘宝客推广的业绩挂钩，形成"底薪+提成"的双保险，这样更能调动人员的积极性。

其次，前期应通过直通车、返利等推广方式，在半个月到一个月内做出一定销量，如果你的商品没有基础销量的话，有能力的淘宝客可能并不会接这样的工作，这对我们前期寻找推广人来说是不利的，而这个销量最好能达到300件以上。

不管是论坛达人还是各类网站站长，他们愿意以淘宝客的获利方式帮助我们推广，肯定是希望产品能卖出去，只有这样他们才能获得利益，所以，无论你给的推广佣金有多高，淘宝客们首先关注的还是一项——到底能否卖出去？能卖出去多少？

如果根本卖不出去，就意味着再高的佣金也赚不到，对方一定会犹豫。而好的淘宝客是不缺合作者的，因此一旦留下"卖不出去"的印象，你就很难真正找到合适的推广者。

一些卖家寻找淘宝客的第一句话就是要推广，第二句就谈高佣金，然而，高佣金并不能真正打动淘宝客，只有在产品可能卖出去的前提下，他们才会关注佣金多少。产品销量、往期淘宝客成交数据都是能够查到的，如果你的产品销量不好,以前的淘宝客压根儿没卖出去几件,还会有谁相信这是个高薪简单的工作?

淘宝客佣金在10%以上或者一个月销量能达到300件以上的,往往才是在淘宝客中较有市场的产品。前者佣金比例较高,说明每推广出一件产品,淘宝客们得到的回馈就比较丰厚;后者意味着产品有一定销量和市场,不管怎样,至少意味着淘宝客的推广不会白费。一般有经验、有能力的淘宝客提出的条件只会更高,所以我们要在前期就准备好,这样才能找到合心意的、有能力的淘宝客。如果做不到这一点,招募来的淘宝客就算足够多,也不一定有经验,没有经验和能力,他们推广的效果会呈几何级数下降。

第三,要针对你所合作的淘宝客团队或网站,制作符合其风格的素材。举个简单的例子,如果你要选择网站投放广告,就得准备好你要推广的产品的广告,在什么页面投放什么风格、时间多久的广告,都会影响最后的引流量和成交量,而且网站还需要规划你的广告位置,防止与竞争对手产生对比和影响。要知道,往往一个位置或者广告风格的问题,就可能让你的推广白费,反而给竞争对手增加了客户。所以,合作网站会对你的广告提出一些要求,一定要按照他们的需要准备素材。淘宝客团队需要素材的原理也与之相同,因此我们要制作好合适的素材、文案等。

最后,在进行淘宝客推广后,最好周期性地分析当前的推广数据,建议一周至少一次,观察淘宝客引流客户的情况,然后选择能带来最大销量的那些淘宝客重点维护,不断招募、筛选,最终形成与你长期合作的、最有效率的淘宝客团队。

通过这样的方式,你的产品销量会不断上升,此时再招募淘宝客就变成了较为容易的事情,这就是一个良性循环,宣传上的突破就达到了。

第十章
电商经营，应该有怎样的销售流程

寻找一手货源，找到靠谱渠道

伴随着淘宝同质化现象的严重，找到有特色的、能成为爆款的好产品还不够，产品的货源也一定要有保障。想保住产品的独特性、不被他人跟风，就意味着你的货源必须要高质量、独家、有优势，所以一手货源、靠谱的渠道都是我们需要寻找的。

要在淘宝上顺利开店，一般都会选择怎样的货源呢？我们来看看普遍的渠道都有哪些。

首先，现在网上进货非常普遍，在网络上寻找货源是最简单快捷的，网上的销售渠道也非常广泛。较为普遍的网上进货方式有两种，第一种是从批发型的网站上订购，这些网站往往有自己的品牌，选择他们的货源就可以成为加盟商，可以获取关于产品的信息与极大优惠，好处是省去了很多我们独立探索市场的精力，当然也容易引起竞争，毕竟这种品牌渠道本身就是大量出货的。

如果不想在这样的网站上订购，还可以去专门针对淘宝商家的代理网点批发。这些代理网点内的货品就是多种品牌的，我们能够从中找到多种款式、风格，而且批发的量也没有限制，这是小型店铺开业前最合适的货源渠道。

如果你想让自己的产品有独特性，还可以采取实体进货的方式，这种脱离线上的货源寻找起来较为麻烦，但是也在某种程度上避免了同质化，只要掌握得好，完全可以让我们的产品在淘宝上"一枝独秀"。

首先要寻找生产工厂进行代工，打造独特的产品。现在在线上市场上，大到电子产品、小到服饰挂件，都有可能是自行设计，在工厂定制的。直接来自于生产厂家的产品，单件成本比较低，免去了中间商赚取的利润，而且还可以根据我们的需求进行定制，可以说是最私密的货源。

然而工厂代工并不是无门槛的，即便是小厂家代工也动辄是几百、几千件起发，更不要说定制产品了。如果出售得较少，定制的价格就会高昂，最初投入的成本也是无论如何少不了的。所以这种代加工、自行定制的方式只适合有一定经济实力和规模的店铺。

对于小店铺而言，其线下货源更可能来自于各类批发市场。批发市场中同类型的货物往往摆放集中，我们可以在较大范围内进行选择，一般情况下都能找到与店铺定位相当的产品。最重要的是，线下进货还是比较有保障的，我们可以亲自去检验质量好坏、材质如何，这种选择更令人放心。

不管是以上哪种进货方式，都只是给我们提供了一个货源渠道而已，要想做出好的产品，还是要学会分辨什么才是好的货源。好的货源往往有以下几种优势：

有特色。好的货源意味着同质化倾向小，有一定的特色，可以让产品从一众同类型品种中脱颖而出，这样同行内部的竞争就会比较少。当你的产品全网仅几家有售时，基本上就占据了"卖方市场"，行业垄断就是这样来的，由此可见一个有特色的产品的优势。

物美价廉。"价格"永远是淘宝上避不开的关键词之一，一个成本低廉的产品意味着我们在定价上有很大的竞争空间，在打开市场时更加有底气和信心，而且成本价低就意味着相对利润比较高，这是非常好理解的。

质量有保障。对大多数卖家来说，最怕的不是自己的产品成本高，而是质量差。只要质量好，就算成本高、标价高也能卖出去，但是质量太差的话，即便搞低价活动促销，买家也未必买账。而且，质量忽高忽低也是非常忌讳的，而这是货源渠道不稳定造成的。只要货品的质量差，一定会引来不必要的纠纷，不仅买家不满意，我们也会在这方面耗费大量精力与金钱，实在是得不偿失。

所以，不要为了降低成本就屈就于低质量，也许前期你会为自己省钱而感到庆幸，但由此而引发的店铺经营过程中的麻烦绝对是你无法想象的，甚至还会影响整个店铺的综合评分。

如果你的店铺规模不大，除了以上这三点之外，最好还要选择能"小量代发"的货源渠道，即便一次拿的产品量比较少，也可以合作，这样就能防止积压库存，降低我们的流动成本。

怎样规划合适的网上销售渠道

我们的店铺在网上进行销售也是要有渠道的，这就是平时我们所说的"分销渠道"。你是想建立一个直接面向消费者的店铺，还是既能够零售又能发展经销商的店铺呢？这个选择就是我们在设计自己的分销渠道。一个分销系统的设计与形成周期很长，但是一旦建立起来，往往直接决定了品牌与店铺的定位，由上至下产生巨大的影响。

可以说，分销系统的建立意味着我们的品牌要对下级代理商负责，同时每一个从事单独活动的代理商都是一个责任人，这个环节中必须每个人都足够负责，这样我们才能将一件商品成功送到顾客手中。此时，分销网络将成为我们做决策、实践的基础，这个网络就像一棵大树，每一个枝蔓和主干之间都会互相影响。

分销系统如何设计，与我们对市场的定位、和顾客的关系以及产品都息息相关。分销渠道可以从两方面来划分，首先是渠道层次是否复杂。渠道层次复杂，就意味着产品在整个系统中流动时，会经过许多层级的代理商参与之后，才会最终到达顾客手中。

我们可以将这个渠道中的角色划分为四种，最源头的出货商是"制造商"，中间根据渠道代理商的不同层级，又有多级别的"经销商"，然后才是面向每个固定市场的"零售商",最后是顾客。这四个角色在传统经营模式下都是不可缺少的。

然而做线上品牌就不一定要按照传统模式运行。在线上,并不是所有的小品牌都意味着渠道层次简单,也不是所有大品牌都有复杂的渠道。比如小米采取的"线上直销"模式,就是只在线上售卖,然后将渠道做短,直接从制造商转移到客户手中,没有中间的代理商与零售商参与,所以其产品定价相当低廉,而且企业还能有一定的利润空间。

因而,如果我们有足够的精力去做线上企业,可以选择零级渠道销售,也就是俗称的"直销",由厂家出货并将其卖给客户,这样成本低、定价低,流动资金在线上的周转期也比较短,不会有复杂的资金链,这也就意味着受到市场冲击导致资金链断裂的可能性较小。只是这样的形式意味着我们需要有大量精力直接去监管巨大的市场,需要雇用较多的一线员工,管理起来可能比较麻烦。

间接渠道的好处就是中间有代理商参与,每划分一级代理商,他们需要负责的市场就少一些,而不同级别的代理商只要对上级代理负责即可,作为出货源头的厂商管理压力就小了很多,这相当于一个"压力转嫁"的过程。可是这样一来,我们的品牌或店铺就不太容易获取市场信息,渠道越复杂,想控制和规范就越难,在这方面需要付出大量精力。

分销渠道的另一种划分方式,则是看每一层代理商的数量是多少,这也常被称为分销的"渠道宽度"。如果在每一个特定的市场区域内,代理商仅有一个,就被称为"独家代理"。这种方式可以高效率地挑选出最大的中间商,避免了在同一市场上的同品牌竞争,而且厂商与公司可以更方便地进行管理,不会出现中间商过多难以控制的情况。但同样,这样某个特定市场的开发全部依赖于一个代理商,一旦代理商的能力不足以打开市场,品牌就可能丢失一些重要的客户。

所以,我们还可以"选择性代理",挑选几个合适的代理商在市场上经营。这种方式,经营过程中的竞争增强、市场覆盖更加全面,但是为了避免出现同一地区市场上过分激烈的竞争,还是要对他们的销售区域进行较为细致的划分,这样才能做到良性竞争而不是内部斗争。

还有的公司则会选择密集代理,就是尽可能多地选择代理商来参与销售。这种情况下,公司对销售渠道的掌控就比较弱,复杂的代理系统很难完全掌控在公司手里,好处是可以快速地、最大限度地挖掘市场潜力和市场面积,但也很容易导致过分激烈的内部竞争,反而影响品牌形象与产品销售。

你会发现,销售渠道的设计是多种多样、十分复杂的,我们最终还是要参考产品定位、买家需要以及其购买的信息来判断到底什么销售渠道最能符合顾客们的想法。

选择良心物流，分分钟减少差评

要做线上企业和店铺，需要比线下经营再多注意一个重要的地方，那就是物流的选择。合作的物流公司是否有良好的表现，将直接影响你的店铺评分、产品转化率，这是我们将店铺做大、品牌做好道路上不可忽略的一环。

相信经常网购的人都了解物流的重要性。有时并非产品的问题，只是物流配送不够让人满意，就足以让买家对产品的印象打折，乃至打出差评。所以，物流的服务也是买家购物满意度的一部分，不是只将产品做好就能赢得买家的认可，想给产品、店铺带来好的评分，就必须要注意物流的质量。

对刚开始做淘宝、天猫店铺的卖家来说，如何在众多物流公司中找到最合适自己的，往往是个让人头疼的问题，我们下面就来看看有哪些可以参考的要点。

首先，物流的选择一定要注意安全，能让你的产品完好无损地运送到买家手中。尤其是做易碎产品的卖家，物流更是需要格外注意。除了卖家自己要将产品包裹严实、安全之外，物流公司是否"暴力"也会产生很大影响。所以，我们需要对物流公司进行综合考察，看看各家公司的破包率、丢件率如何，并要了解这家物流公司整体的物流评分高低，从各个方面进行考虑。

有时，不同地区的物流公司表现好坏也不同，这种情况下可以选择多个合作的公司，发往不同地区的包裹就根据情况选择不同的物流，保证在可以选择的范围内确定最好的那个，不需要固定跟一家公司合作。

保证产品安全能带来什么好处呢？除了提高店铺与产品的评分和买家的好感度，也能避免后续的一系列问题。不管是产品损坏还是丢失、是物流还是店铺的问题，我们都需要耗费大量精力进行买家、物流公司和店铺之间的沟通，并尽力将事情处理好，这就给售后带来了很大压力，但是一个合适的物流公司也许能帮我们避免这些问题。

第二，一定要选择有一定诚信度的物流公司。有些物流公司不够正规、规模不大或者评价不高，不仅我们合作起来"胆战心惊"，不能放心交付快件，买家往往也会产生质疑。很多买家在购买时往往会询问店铺选用哪家物流公司，可见他们对物流还是相当注意的，尤其关注其风评，一个好的、诚信度高的物流能让买家更放心购买，增加店铺的转化率。

不少店铺曾在物流选择上吃过亏。有家店铺因为选择了主流物流之外的一家公司，导致很多买家在售前询问时就打消了购买欲望，理由不外乎"物流公司没听过，不放心""住址不覆盖在物流范围内""不送到家，只能去快递点取，太远了"……所以，方便、快捷、安全、诚信，是做物流的宗旨，也是我们选择合作的原则。

第三，我们需要参考物流公司的价格来确定。如果物流便宜，我们能省下一大笔成本，获得的利润就更多了。在淘宝上，买家对商品的快递费是很敏感的，"包邮"往往会成为他们筛选商品的一个考虑点，也就是说不包邮的产品在一开始可能就已经被买家摒弃在选择之外了，所以最好还是能包邮，这样邮费、定价和利润之间就得有一个合适的平衡点。如果我们选择不包邮，过贵的邮费会让买家产生犹豫，虽然不影响成本，但是会影响成交量和转化率，所以邮费的价格最好不要太高。

可是，价格往往又是服务的体现，过于追求"廉价"很容易导致选不到好的物流公司，因为最好的物流公司显然是价格较高的。此时，比拼价格就必须在满足前两个原则的基础上，如果没有达到我们之前所说的要求，再便宜的物流公司也不能合作。

最后，我们要在淘宝平台上进行销售，就一定要学会利用平台的便利。选择的物流公司最好是淘宝中可以选择的、被推荐的公司，这样我们就可以购买物流保险，一旦货物在运输、退货过程中出现什么问题和损失，都可以先由支付宝平台给予赔付，这样就省下了卖家与物流公司之间复杂的沟通和漫长的赔偿谈判，更加有保障、省精力。而且，买家或卖家如果购买运费险，退换货的运费风险就交付给了支付宝平台，店铺和买家都得到了方便。

以上就是我们所强调的几个选择物流公司的要点。选择一个买家心中的良心物流，可以让你的差评更少、店铺评分更高，千万不要忽略这个细节！

处理售后问题，也有秘诀

前面已经讲过，做电商一定要注意服务质量，只有购买流程中的服务让买家满意，才能收获更多的忠实顾客。可以说，现在是个买"服务"、买"体验"的时代，所以服务的好坏往往比产品更影响对店铺的评分。其中，售后服务可以说是真正检验一个商家能力的方面，售后做不好，买家就无法真正信任我们的品牌，也更容易导致店铺的差评率升高。

如何处理售后过程中的各种问题呢？我们可以从几个方面进行细致的分析指导，研究一下这其中的秘诀与窍门。

运输过程中商品出现破损和毁坏的情况

当出现这种问题时，首先要看买家是否签收了，根据淘宝的硬性规定，如果买家没有签收或者第三方签收但没有通知买家，责任都由商家来负。这就是为什么淘宝购物一直强调要"验收"，这个过程一旦做完，再发现问题，理论上是不由商家来负责的。

所以，一定要确认买家有没有签收，这对后面的处理流程有一定影响。一些售后服务人员在联系买家时，习惯问"是不是您本人签收了货物"，这个问题就不是很合适，很容易引起买家的厌烦心理，让人感觉商家是在质问、在推卸责任,所以可以改为询问"快递员有没有请您验收一下货物呢",这样感觉要委婉一些。

如果买家没有验收,自然是要按照规定先给买家赔偿,然后再由商家和物流公司协商赔偿事宜;但是如果买家验收了,商家是否就可以完全按规定不管了呢?当然不行。

要知道购物的规则是死的,但是买家是感性的,一味照章办事会影响买家的感情。尤其是现在,普遍情况下买家在收货之前都不会验收,所以大多数物流中的问题,只要不是破包、破损件都不会在签收时被发现。此时,还是要尽量为买家解决麻烦,这样才能算周到的售后服务。

如果是部分损坏的情况,可以补发损坏的配件或者坏掉的部分,或者以给买家返现的方式来补偿,让买家自行购买并补上;如果全部损坏,最好还是给买家补发件,并及时更改物流或者加强包装的安全性,做到从源头避免这类事情再发生,不要轻易将责任全都抛给买家。

买家使用过程中出现问题

很多时候,买家使用时会反映一些后续问题,大多数问题都不是产品本身质量不好造成的,而是因为买家没有掌握正确的使用方法。此时,不要千篇一律地建议买家去检测商品、查阅说明书,而是要先了解买家遇到的问题,然后提出有针对性的建议指导他们。所以,与买家之间的沟通是很重要的,一定要详细地问清楚到底是什么情况,然后按照步骤详细地指导买家解决麻烦。有些买家认为在旺旺上交流比较麻烦,性格也相对急一些,一旦发现他们有不耐烦的情况,最好直接以电话的方式进行沟通,进行连线指导,这样更加详细、方便和快捷,也不容易引起买家的烦躁、反感,还能给他们留下好印象。

所以，这就要求我们的售后服务人员对产品有详细的了解，只有自己知道该怎么用，才能明白买家遇到的问题到底是什么、应该怎么解决，这样才能体现我们售后的专业性，传达出我们认真、负责的态度，而不是一直推卸责任。这样一来，即便出现的问题麻烦一些，买家往往也会耐心配合，而且会对店铺有较好的评价，以后更能发展成为忠实顾客。如果你的建议总是说不到关键处，不够专业、语气尖锐，就容易引起买家反感，反而得不偿失。

无理由退换货问题

想在淘宝平台上做出一定成果，一定要开通、提供七天内的无理由退换货服务，并将这种服务做好。当然，这种无理由退换并不是真的什么都能退，我们也要保证商品可以二次销售，所以需要对售出商品进行一些要求，比如"未使用""包装完整""发票、说明书与赠品俱全"等，保证什么样子寄过去，就得什么样子寄回来才行。不过这样的要求也会遇到一些难缠的买家，他们可能已经使用了商品，但是还想退款退货，此时就需要卖家根据情况与买家协商，决定是否退货。很多时候，我们都需要"赔钱做服务"，让买家满意，但这样的情况太多又会影响利润，所以一定要把握好一个度，什么情况可以退、什么情况不可以退，我们要基于买家对店铺和商品评分、退款纠纷率等的研究，来决定这种规则之外退货的处理方式。

以上就是我们在售后过程中最常遇到的几个问题，可见，任何时候完全按照规则来做并不是做生意的原则，要照顾到绝大多数买家，在销售中要把握对待买家的态度和与他们的关系，这样才能摸索出最符合自己店铺售后的方式。

培训好客服人员，有效提高成交率

仔细研究我们会发现，在淘宝上比较成功的几个"草根品牌"，最开始创业时，管理者都是兼任客服的，为什么？因为这样他们才能直接与买家接触，得到关于产品、店铺的重要信息，为以后的发展找到合适的方向。由此可见，想将管理者与买家之间的距离拉近，就需要客服这个角色。

客服并不是招来就可以上岗、只需要跟买家聊天的，在培训前我们需要针对自己店铺的特点，总结一些有针对性的要求，以便于直接教给客服，方便他们迅速上岗。比如与买家之间的交流过程一般是怎样的，如何让一个客服快速适应我们店铺的工作，这些都需要整理一些资料和信息。

然后，我们就要开始对客服进行培训了。首先，客服应该了解以下的信息：

    1. 淘宝平台的客服规则。

    2. 产品的相关内容。

    3. 主要工作流程。

    4. 与买家交流的技巧。

淘宝平台上的规则是约束所有工作者的，店铺客服当然不例外，如果客服不明白这些，就很容易出现犯规情况，一旦被淘宝抽查到就容易给店铺带来处罚。而且，淘宝平台上还有一些"潜规则"，比如激烈竞争下出现的"差评师"等，这样来者不善的"买家"是需要客服能够辨别的，以防止给店铺带来不必要的麻烦和纠纷，影响产品的好评率。

而对产品的相关内容进行了解，也是成为一个合格客服的必须条件。许多店铺就是因为匆匆雇用客服，只顾着接待络绎不绝的买家，反而忽略了客服培训，导致他们完全无法介绍店铺产品的情况，最终转化率也就提升不了。要避免这个问题，一定要让客服在买家面前显得"专业"，这种专业不可能靠"表演"和"胡吹"来体现，因为产品如果销售给了买家，他们发现完全不是客服说的那回事，也一样会给店铺不好的评价。所以，客服专业必须扎扎实实，要对每个产品有透彻了解。

因而，我们建议客服尽量在线下招募，不要招募线上客服，这样的客服对产品的了解比较少，店主无法与其直接接触，其客服工作质量很难提升。如果你店铺的主要产品种类较少，则可以考虑招募线上远程客服，只要将产品样本寄给他们，让其亲自操作、实践，对说明书有确切的了解，也能提高其专业性。

接下来，客服工作的主要流程也是需要掌握的。虽然在淘宝平台上，不同店家的客服在接待过程中流程都差不多，但还是会因为产品类型不同、店铺定位不同等出现一定差异。为了让客服接待客户的效率更高、让客户更快速地下单购买，就一定要将流程精简化，让客服能游刃有余地面对每一种情况，保证将处理流程记在心里。

尤其是售后服务方面，客服的处理流程将直接关系到售后服务的快慢，一旦售后反应慢了，就很容易引起买家的不满，而快速、得当的处理则能让客户从细节处感受到店铺对他们的重视和服务的高质量，这也是个非常有效的"吸粉"办法。

最后，客服应该具备一定的说话技巧。有时买家购买了我们的产品，并不是因为真的多么需要，而是客服在购买过程中巧妙引导、让买家产生好感的态度与周到服务的结果，所以客服的交流技巧直接影响转化率。千万不要招聘一个"不会聊天"的客服，几句话便能气走一个买家。

要关注客服的交流技巧，一定要从实战中吸取经验，除了对客服进行必要的培训外，还可以抽查一部分聊天记录。尤其是要对比实现购买的和没有实现购买的顾客，在聊天记录上有什么差别，我们可以通过分析找出客服语言上还可以注意的地方，有针对性地改正。这种技巧的培训是需要长期关注的，可以让熟练的客服带动新客服，并定期由管理者对他们进行培训。

之后，我们还需要让客服注意日常的交流态度。一些客服在情绪管理上总是难免有疏漏，常常因为买家的问题产生不良情绪，最终导致在交流时出现焦躁、口不择言、迁怒等情况，这样的客服很容易让买家，尤其是被迁怒的买家产生反感，极为影响产品的销售。虽然网络上也有不少店铺，因为客服的"毒舌"而出名，但这样的哗众取宠并不是一个真正成功的店铺应该走的道路，所以必须要求客服时时注意态度，引导他们及时调整情绪，保证不要将情绪带到工作上。

最后，如果想让你的客服更加完美，还可以采取"底薪+绩效"的方式来计算薪酬，每个月进行考核，将客服成功带来的交易额算到薪酬中，这样对客服有一定的鞭策、督促作用，可以让他们更认真、更积极地工作。

第十一章
从零开始,打造粉丝信仰

新时代的粉丝经济

在信息爆炸的时代，我们更应该将品牌与"粉丝经济"联系起来，这样才能有更好的效果。

过去，品牌与买家之间的信息是不对等的，可以说企业给买家展示出来的广告、宣传是怎样的，买家就认为产品是怎样的，这种信息不对等导致买家对产品的了解不够全面，企业营销时只要注意将广告做好，就能让产品卖出去。但现在信息相对透明化，买家之间的交流更加密切，买家能从其他购买者那里得到关于品牌产品、服务的一切信息，以前那种信息不对等产生的营销优势就不存在了。

在这种情况下，能够在买家心中留下较高信用值、做到信息充分对接的品牌将更容易赢得买家的心。这就意味着，企业不能再走"高高在上"的路线，而是要让产品和品牌深入人心。尤其是在电商平台上，一定要注意品牌与买家之间的关系，这样才能将产品销售出去。所以我们常说，在电商平台上经营的与其说是产品，不如说是买家与店铺之间的信任。要建立密切的信任，最好的方式莫过于让买家变成你的"粉丝"。

要走粉丝路线，品牌本身就必须"生动"起来，你的品牌不能再是冰冷的企业符号，而是要有"人情味"，这样才能快速与买家站在同一个平台上进行对话，建立起良好的第一印象。之后，进行粉丝营销，以和买家进行情感互动为基础，得到忠实粉丝。在电商平台上，自带粉丝的品牌往往能更容易、更快获得成功，也不必担心销量。

所以，粉丝营销的影响是长久、深远的，只要能维护好粉丝群体，产品就不愁宣传、不愁销量，也不必每次推出新款都重新开拓市场。

如何打造好粉丝经济的基础呢？我们先要摆正品牌与买家之间的地位关系，然后让买家能够理解企业的宣传理念、价值观，让他们从情感上建立和品牌之间的联系，而这主要应从以下几个方面入手：

其一，建立买家对品牌的认同感。认同感是购买产品之前的第一感受，如果消费者连你的产品、品牌都不认同，又怎么会购买呢？而粉丝的存在，本身就是一种认同感爆发的表现，粉丝对偶像的信仰就来源于根深蒂固的认同感。

在互联网平台上，你会发现陌生人之间在有无认同感这个基础上，表现出的态度是全然不同的。如果认同感深刻，就会有"一见如故"的亲切感，这就在无形中拉近了关系。这也是明星的粉丝群体内部相对融洽的原因，由于"有共同的偶像"这个概念，让他们对彼此有很强的认同感，所以陌生人之间的关系也很亲密。

要做到让买家认同，就得读懂买家的心理，从主要买家的位置出发去思考问题，让品牌展现出的生活方式与理念与主要买家群体相符合，这种共同点自然会引发认同感，也能让买家在情感上对品牌产生亲密感。

其二，建立足够的存在感。一个没有存在感的品牌是无法谈论粉丝经济的，粉丝众多本身就意味着要有足够的曝光率、存在感，过于低调在互联网上就等于默默无闻，无法彰显品牌魅力，就无法吸引粉丝。所以，一定要积极在平台上进行宣传，时刻保持存在感，保证与买家之间频繁的互动，让他们能"想起"你的品牌和产品。

其三，在产品设计、生产、发行的过程中让买家产生参与感。参与感的重要性我们之前就已经详细介绍过了，此处就不再赘述。但根据我们之前所讲，你会明白参与感在建立粉丝经济上有怎样重要的地位和影响，它能够拉近买家与品牌、产品之间的距离。

其四，让买家产生归属感。在网络上，不管是有名气的IP作者还是明星，都会有自己的粉丝群体，他们有固定的论坛、QQ群等线上聚集地，粉丝可在其中进行交流、互动。而不断的互动会满足大家的倾诉欲望，能让粉丝投入更多的关注，能很好地维系粉丝之间、粉丝与偶像的关系，这就是一种归属感的建立。所以，品牌也应该有线上的粉丝聚集地，可以举办一些活动，让粉丝和品牌之间的联系更加紧密。有一个能让他们发泄感情的地方，并且形成习惯，让其产生归属感，变成更加忠实的粉丝。

以上都是品牌在对待买家时需要注意的几个原则，这些原则直接影响我们是否能打造出自己的"粉丝经济"。最后，想赢得粉丝靠的绝不能是虚伪的表象，一定要有足够的诚意，这样才能达到"以心换心"的效果。

一个好LOGO，打造你的品牌符号

做品牌，LOGO符号也是很重要的，尤其是对想走"粉丝路线"的商家来说，想为品牌吸引粉丝，首先得让你的买家对你的品牌有一定印象。经常有些商家在推广品牌一段时间后，才发现自己的LOGO设计得不够好、买家接受度不高、不容易吸引粉丝，所以又反复对品牌LOGO进行修改升级。这不仅导致品牌迟迟不能做好定位，还会出现产品线多次修改的问题，成本和时间都浪费了。所以，一开始我们就要注意品牌的LOGO设计，打造良好的品牌形象，最好能对买家产生一定冲击。

什么样的品牌LOGO有冲击性？苹果的LOGO是一个缺了一口的苹果，这样简洁明了、充满趣味而且特别的LOGO就是有冲击性的，同时它又是方便记忆的，买家往往一下子就能记住；三只松鼠的品牌符号是松鼠，可爱卖萌的松鼠与坚果市场联系在一起，也容易吸引买家，让其迅速记住……你会发现，有冲击性的LOGO都是有"记忆点"的，而绝非毫无特色、默默无闻，它总有一些特点能让买家记住。

这就是我们要说的，成功LOGO的基本要素，也是最重要的特点——简洁、可识别、记忆性高。首先，LOGO必须是能让人产生瞬时记忆的，没有人会专门研究自己所买的每个产品的LOGO，所以最好让他们一眼看过去就能从视觉上识别出来，并在短时间内建立印象，也就是产生"瞬时记忆"。要是一眼看上去无法吸引买家，基本上买家也不会再去专门关注品牌LOGO了。要打造粉丝经济，就一定要让买家对品牌有深刻印象，甚至形成一种"信仰"，而LOGO就是这种"信仰"的寄托与标志。

一些发展已久的品牌都在不断更新自己的LOGO，而且总是往简洁的方向发展，就是为了能在视觉上更容易被识别记忆。大多数奢侈品品牌也是这样，不仅将品牌LOGO简化，还要让其体现在自己的产品上，比如箱包、服饰等，让人将品牌与产品牢牢联系在一起，这样，买家在购买时就会特别注意品牌，而这就是"粉丝"的表现之一。

一般来看，中国的传统企业比较忽略这方面的问题，很多企业都是打响了企业名气，却没有一个让人记得住的LOGO，比如波司登羽绒服，虽然也是全国名牌，但我们不太容易想起它LOGO的样子，正是因为它的设计比较复杂。

当品牌和粉丝群体有了情感上的共鸣，简洁有代表性的品牌LOGO往往一出现就能激发买家的情绪，这种LOGO就被赋予了复杂的感情因素，成为某些品牌文化、情感乃至粉丝记忆的象征，很容易引起共鸣。

除了简洁明快，LOGO还应该与你的品牌方向、产品类型有一定联系，也就是说不能只重视冲击力，还要有内涵。还是以三只松鼠为例，选择松鼠作为品牌形象，并不是只为了"萌"，还是因为松鼠本身与"坚果"有密切的关系，而坚果则是三只松鼠这个品牌的主要产品，这就是一种内涵。再如中国银行的LOGO，一眼看去就是"古钱币"的样子，非常完美地诠释了银行的主要职能，所以说有内涵的LOGO将更能彰显品牌意义。

一个合适的LOGO，在设计时还要注意色彩与字体的搭配，一定要与品牌风格相符合。色彩的搭配与字体选择，会给我们不同的感受，比如你的品牌定位年轻明快，就应该选择较为跳脱温暖的色彩和灵活的字体，这样才能在调动粉丝情绪上产生有益的正影响。

最后，品牌设计的LOGO应该方便传播。我们的LOGO可能出现在线上各个地方，也会印在产品上、包装上，LOGO是否能完美地融入这些地方？如果LOGO不够美观大方，会破坏产品本身的美感，一定会有买家因此考虑放弃购买；如果颜色搭配、选取有问题，可能在线上的LOGO图片与包装上的LOGO会出现色差，影响宣传；如果有需要将LOGO转成黑白的情况，LOGO一旦对比度不高、不适合调成黑白色，也可能出现问题……所以，一定要考虑到传播过程中会遇到的情况，再去设计LOGO。

你是否已经在考虑自己的品牌该设计什么样的LOGO了？记得，千万不要随意设定你的品牌LOGO，否则很容易对品牌产生反效果。

让你的品牌拥有个性的代言人

2013年,聚美优品的CEO陈欧,成功在大众面前"火"了一把。作为企业的创始人,他用一段感染力十足的广告词倾情为自己的品牌代言,从此"陈欧体"走红网络,而聚美优品也在大众面前有了很高的知名度,这可谓是一个影响深远的广告。

过去,企业创始人都是隐藏在产品背后的,运筹帷幄、指点江山才是他们需要做的事情。人们对这些CEO了解不多,他们显得神秘、高端而有距离感,然而陈欧却几乎创造了一个先河——企业家也可以给自己的产品代言,这样可以让人们更真切地了解企业最深层的一面和企业文化等。

事实上,陈欧这种"给自己代言"的方式,就是在用极有个性的人物来代表自己的品牌。作为企业的创始人和管理者,在信息爆炸的时代,选择站出来、站在整个企业的最前端,向大众展示自己、亲自发声,往往会比任何广告都有用。

这样的管理者能够成为一个企业的符号,在大众面前,代言人的形象越丰满就越有优势,就越容易吸引粉丝。成功者总是容易获得一众追随者,所以不要吝于展示成功,个人魅力足以引来一群粉丝,并成为整个品牌和产品的后盾。

第十一章 从零开始，打造粉丝信仰

陈欧的例子是这样，"挥舞着锤子"强调匠人精神的罗永浩也是这样，甚至连老干妈创始者陶华碧的形象也一样，而放眼国际，乔布斯、扎克伯格、比尔·盖茨……他们本身的个人魅力与其身上的标签，都引起一波波粉丝的追随，使他们成为企业的最好代言者。

最典型的就是"乔帮主"和苹果的传奇，这样跌宕起伏而令人瞩目的成功经历足以成为传奇的人生剧本，乔布斯凭借自己独特的个人魅力在全球拥有了大量粉丝。可以说，"果粉"当中至少有相当一部分人认同的是乔布斯个人的理念和魅力。创始人代言的影响就在于此，只要有足够的魅力，在粉丝心中走上"神坛"，他的名字就会成为企业的重要符号，给企业和产品带来正面影响。

当然，创始人、管理者为企业代言，走的不是明星路线，而是要尽力将自己的形象打造成值得"信任"的符号，也就是说赢得用户的信任是第一位的。这就需要他们在展示人格魅力时，充分传达企业做产品的信念、专注、情怀等细节，让用户由信任人转而信任产品。在这其中，还要注意要足够专业，专业性会让代言人的话更加可靠可信，而做到这一点对大多数企业的创始者来说都是相对容易的。只是，过去的企业家不太会关注如何将专业性的东西传达给用户，现在就要做到这一点——让用户觉得企业家专业，这样才会敬佩、信任他。

有的品牌一谈及"代言人"三个字，总想到请明星来代言，然而明星代言其实是有不足的，首先，明星的费用较高，而费用的高低体现了他们的宣传能力，如果你的预算不足，请到的明星影响力不够大，那广告效果不会很好。而且，选择明星代言的另一个问题是不确定因素强，明星人气一旦有波动，就容易影响品牌，所以需要慎重考虑明星代言。

另一个角度来看，明星代言不如企业领导者的形象更有亲切感、信任感，同等影响力下，前者反馈到产品上的效果会打折扣，而后者的成本低，更容易让粉丝对品牌本身产生"信仰"。所以，一个有特色的代言人往往就可以是CEO自己，这样更有效果。

第十一章　从零开始，打造粉丝信仰

一个传奇 or "敌人"，让路人变身粉丝

有些时候，吸引路人变成品牌粉丝的不是别的，正是一个听起来传奇的故事。每个企业都希望有一定历史感，有厚重历史的品牌往往会让买家觉得值得信任、更加高端，所以红酒品牌总要强调自己"传承百年"，奢侈品永远都是"源自18世纪"，毕竟一个能长久存在的品牌，一定是有其有过人之处的。

事实上，这种强调"历史"而塑造的品牌形象，就是在塑造品牌传奇。厚重的历史是一段传奇，其他故事也可以成为传奇，成为吸引粉丝、让围观者抒发情怀的"节点"。所以，要学会讲故事，讲一个能感动买家的传奇故事。

比如德芙巧克力在诠释品牌名称时，就讲述了一个"爱与公主"的故事，虽然这只是一个虚构的爱情传奇，但它却打动了许多购买者热爱浪漫的心，将巧克力与爱情紧紧绑定在一起，使德芙几乎成为情人节的必选品牌。

所以，想建立一个年轻的品牌，就需要打造一个传奇故事，可以与一段奋斗精神有关，可以与一种情怀相联系……总之，做品牌卖的不仅是产品，更是故事，是情感。

当你的故事还不足以打动消费者时，或者你可以塑造一个"敌人"，俗

话说"敌人的敌人就是朋友",就算买家对你的产品还不够有亲切感,只要你们有一个共同的"敌人",买家就能迅速与你站在同一战线上。

这个敌人,就是连接品牌与买家的角色,也是能将买家拉近成为粉丝的角色。

王老吉凉茶的广告中,一句"怕上火,就喝王老吉",这就给买家设定了一个敌人——上火。其实这是产品解决的问题,但是不特别点明,买家可能还意识不到这是自己的痛点与"敌人",而一旦说明,就立刻营造出"你的敌人是'上火',而凉茶可以击破这个敌人"的氛围,买家的购买欲望就会提升很多。

所以,所谓树立敌人往往就是戳买家痛点的过程,你的产品解决了痛点,但一定要让买家知道才行,所以不如在广告宣传中戳痛他们,这样产品的重要性就会得到认可。

比如保险产品,一般消费者会经常考虑到自己的人身安全而想买保险吗?显然不会,在中国的传统文化里,没人愿意总想着自己会出意外。此时,将"意外"的可能性点出来,再去推销保险产品,就会立刻戳痛买家这方面的敏感神经,引导他们想起自身的人身安全问题,进而决定购买保险。此时,"意外"就是你和买家共同的"敌人"。

所以,想让你的品牌拥有粉丝,一定要先想一想——你是否可以塑造一个传奇或者"敌人",让买家变身粉丝。

让你的产品充满"仪式感"

"仪式感"是现代生活中经常提到的一个词。

我们常常说生活要充满"仪式感",才会活得更加精彩。你想每天健身?想一个人也要坚持做饭?想把生活过得更精致?那么,就让一切都充满仪式感好了。古人弹琴前要焚香沐浴,这就是一种仪式感,这会让他们更加专注于弹琴这件事。我们只要对每天要坚持做的、却又难以做到的事情加强仪式感,就会变得更加重视它们。

比如做饭这件事,你可以将厨房收拾得很干净,根据你的喜好购买搭配好的、有艺术气息的餐具,不管要不要做饭,先把厨具准备好,这样一来,你也许会忍不住想去做饭,去使用这些器具。然后,可以每天为你做好的饭菜拍照,照片越漂亮越好、越有风格越好,这种拍照的行为,就成了一种仪式。当你想放弃做饭时,只要想到那些美好的照片,就会想要坚持下去。所以,生活需要仪式感。

而产品也是一样,要将品牌做成粉丝心中的信仰,就一定要学会吸引买家变成粉丝,但后续的维护应该怎么做呢?通过固定的仪式,就可以强化粉丝的这种感情,这就是仪式感在品牌吸引粉丝时的重要性。

明星的粉丝每天坚持"打卡"的行为,就是一种仪式感。没有打卡行为，粉丝们不会记得每天都来关注这个明星，时间一久就容易淡化对明星的喜欢，这个粉丝就可能流失了。而每日"打卡"，就意味着粉丝每天都要关注，一天天加深印象，就能一直接收到相关信息，也就很容易一直保持对明星的热情。品牌也是这样，定期搞活动让粉丝们参加，比如"坚持在品牌论坛签到××天可以获得奖励"等，就是一种仪式。

这样的简单仪式，最终会让买家形成一种特殊的"身体记忆"，他们的身体会记住这个行为，并且很容易形成习惯。习惯加上趣味性，就是"上瘾"的开始。比如，人们对"唇膏"这项产品的需求，很多时候就来源于习惯和身体记忆。对不爱用唇膏的人来说，可能长年累月都不使用一次，问题也不会很大，所以他们对唇膏的需求、购买量也不大，但那些坚持使用唇膏的人则不同，他们不仅买，而且非常频繁，这就是涂唇膏所建立的仪式感的影响作用。喜欢用唇膏的人往往有这种习惯——每隔几个小时，他们就会掏出口袋里的唇膏涂抹一下。其实这个短暂的时间完全不足以让我们的嘴唇脱皮，但是他们坚持这样做，为什么？就是因为涂抹唇膏的动作被身体记住了，然后形成为习惯。抓住这一点，唇膏就有了广泛市场。

可口可乐似乎就从涂唇膏这个动作中得到了提示，在营销过程中试图让人们将"喝可乐"这个行为也牢记，形成仪式感。他们甚至还有专门的APP，就是很简单地模拟我们喝可乐的动作，而这就是一种暗示，会让喝可乐这个动作在我们脑海中的仪式感更强。

而苹果的一些活动在粉丝心中也有了仪式感。在苹果发售日，专卖店前通宵排队的买家，就沉迷于这种仪式感——手机又不是限量的，早买晚买难道不一样？可是这种在首发日买到产品、排队抢购的体验是不一样的，这就在粉丝心中成了一种仪式。

每当苹果召开发布会时,都有大量观众放下工作甚至通宵观看,难道不能看重播吗?这就是一种仪式感,看直播、第一时间领略到新产品的信息,这种好奇心理就让看发布会成了一种仪式。正是因为苹果的活动总是充斥着仪式感,所以粉丝才这样忠实而且疯狂。

由此可见,一个品牌想维护粉丝群,设定一个特有的仪式是很重要的。

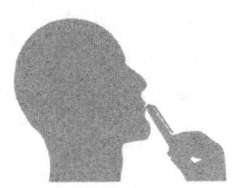

第三篇 爆款案例

案例1：三只松鼠，天猫店铺中的黑马杀手

2012年，一家只有五个人组成的小公司正式在天猫平台上线，这个公司推出了后来火爆全网的坚果品牌——三只松鼠。纵观三只松鼠的发展史，你会发现它的崛起是非常迅速而令人诧异的，其所推出的产品都堪称是互联网上绝对的爆款，在短短两年之内，就从一家最普通不过的电商做成了天猫、淘宝平台上极为火爆的坚果品牌。这到底是怎么达成的呢？

三只松鼠能成为天猫市场上杀出的真正黑马，与其领导人对坚果市场有足够的了解是分不开的。也就是说，虽然他们在电商平台上做坚果的年限不长，但在线下，三只松鼠的领导人章燎原早就已经接触了坚果生意，这使得他对整个市场的判断、敏锐度以及对货物来源的掌控等都比较强。

章燎原最开始做坚果是在2003年，当时他加入了安徽省一家食品公司，负责推销山核桃。七年后，章燎原成为这家公司的管理者，也将公司做大成安徽省市场上数一数二的响亮品牌。此时也是电商平台上B2C时代到来的时候，事实上很快阿里巴巴就在淘宝平台上推出了一个新的、相对独立的产品，那就是以企业店铺为主的天猫。章燎原抓住了这个机会，他认为在线上B2C市场还尚未成熟时，去做大一家店铺是相对容易的，而他就想在网络上做属于自己的坚果品牌，将它做成电商平台上的来伊份。

但是，这样的想法在当时并没有被认可，人们普遍认为坚果品牌属于传统市场，想在虚拟的电商平台上去创立这样的品牌，简直是难如登天。章燎原所就职的坚果公司老板就比较坚持这种想法，两个人在线上与线下的战略方向上出现了分歧。

而此时，章燎原已经开始在电商平台上进行初步试水，他创立了一家专门卖山核桃的店铺，名叫壳壳果。壳壳果在当时比较不成熟的线上坚果市场中打响了名气，做到了全国前几名。但是，也许是相对于线下而言，线上的体量还是不够大，最终章燎原也没能说服自己的合作者投入线上，而阴错阳差的，他却在电商这个平台的圈子里走红了，于是后来，就有资本主动找到章燎原。

2011年，章燎原获得了足够的资本投资，他决定辞职自己创业，第二年的5月，三只松鼠正式在天猫平台上线。此时章燎原其实已经错过了这个平台上最初也是最好的发展时机，而他过去又没有太多的电商经验，究竟该怎样将三只松鼠做成天猫店铺中的黑马呢？

首先，三只松鼠有其他新品牌、新企业不具备的优势——其经营者对坚果市场足够了解。章燎原虽然是线上销售的半个新人，但他对线下坚果市场是足够了解的，这些经验，是相对于其他企业的绝对优势。三只松鼠不是贸然试水，而是在了解之后才做出的胸有成竹的抉择。并且，章燎原之前的线上经验虽然不很丰富，但他掌握了其中最重要的一点——让合适的人去做合适的事情。

所以，三只松鼠的团队中专业人才不少，章燎原几乎找到了电商企业链条中每个环节、每个方面的专业人士，只有这样，才能让企业发展得更好。这是章燎原在早期能够快速崛起的原因之一，不管是怎样的规划和战略设想,都一定要有专业的人去操作,这样才能将事情真正做好。

其次,章燎原在三只松鼠的发展过程中,对市场、买家心态都比较了解,敏锐度很高,所以大方向把握得极好。就拿三只松鼠在买家服务这方面举例,他对买家的回馈、天猫上的买家评价都相当重视,所以三只松鼠能一直根据买家的需求趋势来整改自己的店铺,做到始终平衡和向上发展。

但是,三只松鼠之所以能够打破天猫市场上已经形成雏形的行业格局,经由爆款冲杀而出,仅仅靠这些是不够的。有些小卖家也能做到这些,但还是陷入了"无法做大"的困境,三只松鼠是怎么真正做大、做成爆款的呢?

定位准确:做天猫坚果的高端品牌

三只松鼠能够做成爆款的第一个要素,就是定位准确。做坚果品牌容易,做能够贴合电商买家群体需求的坚果品牌却很难,能将品牌做出溢价更难。这种食品快消品牌,定位几乎决定定价,是非常重要的。

三只松鼠在一开始上线时,虽然主打的都是坚果类产品,但他们的野心并不止于"坚果"这个市场,而是定位为"多品类的""互联网的""森林食品"。

第一个关键词,告诉我们三只松鼠要走的路线——多品类、多方向共同发展,可见他们是想以坚果打开市场,用这个爆款带动其他产品的,其本来并不局限于坚果类。

第二个关键词——互联网,这是三只松鼠的立足基础,就是做纯电商。纯电商有好有坏,前面我们已经介绍过线上产业与线下产业之间的差异,而坚果产品做纯电商相对困难,因为这需要挑战人们的购买习惯。如何让习惯于在超市、坚果实体店购买的顾客改在网络上买坚果呢?要做到这一点,就得利用电商平台的优越性，那就是价值链简单。

三只松鼠通过精简价值链将成本压低了，所以其定价一般比线下店要低20%到30%，这一点就吸引了不少消费者，这就是定位互联网之后有针对性的改变。

第三个关键词则是"森林食品"，三只松鼠倡导绿色食品、健康生活，主张"快食慢生活"，这个概念非常与时俱进。现在社会上最热的概念是什么？正是"健康"，一切与"健康"有关的关键词都非常火爆，相应的产品也卖得很好；而慢生活、精致生活等，更是年轻人所向往的，将这些点结合在一起，坚果其实还是过去的坚果，但是品牌气质几乎是天差地别。

定位也决定了客户群，三只松鼠决定要做的是互联网上的高端产品，是坚果中的高档品，主要消费人群定位在23岁以上的白领人士。三只松鼠的定位概念与产品群是对应的，但是其在定位之后，所选择的推广用户却并非白领，而选择了走低价促销、针对年轻人的模式，这是三只松鼠的大胆冒险，却也是打开市场的第一把钥匙。

我们之前说过，要做高端产品是不能轻易降价的，因为一旦给买家留下廉价品的印象，就很难再将价格回升。那么三只松鼠是怎么做到的？那就是三流的价格，一流的品质。让买家在买到促销价格的产品后，能够感受到它超值的品质，这样即便恢复原价也不会引起太大反弹。

而在这个基础上，走低价促销的模式就有很大好处——年轻、对价格敏感的群体会因为促销而购买，也更加乐于传播。这个类型的买家更容易成为"粉丝"，他们更乐于向别人分享自己最近购买到的好东西，乐于与周围人分享和"安利"，这就是有买家身份的宣传者，最终可以凭借他们在社交群体中的影响力将"三只松鼠"的品牌打响，这样白领人士也就接触到了这个品牌。

而另一点，年轻人尤其是学生，虽然有求廉心理，对价格比较敏感，但他们中相当一部分会在毕业工作后进入白领群体，所以他们可以被称为"白领预备役"。在学生群体里打响口碑，以后他们将成为三只松鼠主要面向的买家，而且其对价格的敏锐度也会下降，这就是一个品牌与买家共同成长的过程。所以，三只松鼠走的这个路线非常正确，不仅可以促进宣传，还能以低价拢住第一批粉丝。

当人气、口碑都依靠低价获得之后，一定会有目标买家——白领群体——参与进去。当他们习惯了三只松鼠良好的产品品质、优越的服务后，对待坚果产品就会挑剔起来，相比于其他品质不那么好的低价坚果，即便三只松鼠价格已经回归正常，他们也依旧会选择它并忠成于它。

这就是价格从低到稳定合理的发展过程。而这个过程中，产品的品质要一流，包装也要足够一流。想让别人为高档产品付钱，就一定要让他们产生"产品高档"的看法，为什么大家对恰恰瓜子没有高档品感受？与品质可能没有太大关系，主要还是定位、包装上的问题。所以，三只松鼠在包装上格外下功夫，只要是购买过其产品的人都会对此留下一些印象。而这也能成为买家津津乐道的一个话题，很容易引爆市场。

总之，一个良好的企业定位和发展方向是必要的，这影响着我们之后的决策。

找准痛点：碧根果——红海中的蓝海

找准了市场定位和路线，还要找到痛点，这样才能有一个锐利的、能够击破现有格局的点，然后一举推出爆款。而三只松鼠在这方面，选择的就是以"碧根果"市场作为痛点切入，因为这是整个市场中的蓝海。

为什么说碧根果是坚果市场上的痛点？在2012年左右，坚果市场其实已经较为成熟了，尤其是线下市场，从瓜子到开心果，从低端品到高端品应有尽有，人们日常消费的格局已经形成一种模式，所以做线上、做坚果都不是容易的事情。但是碧根果相对而言还比较新鲜，而且在市场上有两大特点——

1. 发展时间较短，接受度还不那么大。
2. 价格较高。

前者意味着碧根果市场的成熟性还不够，属于有待开发的市场。相比于开心果在当时的市场覆盖度与销售额，碧根果绝对是红海中的蓝海，距离市场饱和还有相当远的距离。

回想一下，2010年以前，我们在生活中很少吃到碧根果，这种口感像薄皮核桃、味道香甜比核桃更好吃的坚果，几乎每个人吃了之后都会问："这是什么？能从哪里买到？"这个疑问与需求，就是一种痛点的反应，说明市场是有需要的、买家是喜欢的。

但是碧根果的销售额度却与买家需求不成正比，为什么？主要是它的市场覆盖度不高，买家想买却不知道去哪里能买到，吃过但并不知道这到底是什么，甚至压根儿没吃过。这样的市场需要宣传、需要发掘，只要能做到位，就算是找到一片蓝海。而三只松鼠就敢于从这里入手，成功将碧根果推广到市场上，让更多人爱上这种坚果，也随之离不开三只松鼠了——这就是找到痛点挖掘市场的好处。

而碧根果的另一个特点则是价格高,这也是人们的一个痛点。开心果可以算是坚果中价格较为高昂的产品了,但是跟碧根果却无法相比,不管是夏威夷果还是碧根果,这些没能打开市场的坚果可能都有一个致命的问题,那就是价格高。这种高价认识来源于买家的认知,不一定真的是产品价格高,但是买家觉得在一点坚果上花费这么高是不值得的,就认为这是"高价";当然,也有可能确实是价格定得太高,不符合消费者的需求定位。

三只松鼠针对这一点,先做的就是精简价格链,让碧根果价格远低于线下。这是线上企业的优势,他们可以省下很多流程上的成本,将不必要的花费从定价中减去,让买家享受到让利,这就是解决痛点的方式。其次,三只松鼠也在不断用品质和服务改变买家的认知,让他们对价格的高低有新的理解,原本的"高价"也就成为值得的投入了。

不过,就算对这两点逐个击破,想要挖掘市场也不是那么容易。碧根果的市场虽然相对不成熟,但也已经有人占据了优势。中国有这么多商家,总有人早于你去"吃螃蟹",更何况章燎原的团队在涉足时坚果市场已经初步形成了。所以,这也并不是随便就能做出爆款的真正蓝海,但是三只松鼠还是通过细分市场从中发掘出了蓝海。

碧根果市场也可以再细分为两大类,散装称重市场与袋装市场。前者的市场主要集中在线下,需要称重的产品往往都是人们亲自去挑选、购买的,这种方式更加简单,购物可能比较没有目的性,而且买家对包装、服务、品牌等都没有太大的要求,主要就是看品质,讲究一分价钱一分货,溢价较少。

而袋装却可以在线上做,来伊份就是典型的袋装食品品牌。这样的食品价格一般都比较高,但是质量一定要有保证,还要有特点。在袋装食品市场上，主要购买者不是精打细算、以实惠为主的家庭主妇，往往是那些工作比较忙碌、活动场地灵活的上班族和年轻人。他们没时间经常去逛超市，同时也怕麻烦，喜欢方便快捷而精致的产品，小量袋装的坚果完全可以满足他们偶尔的需求。

三只松鼠最开始就是基于这一点确定发展方向的，也根据这一点找到了买家的要求：袋装品量不要多、应该新鲜、包装质量要好、能避免收拾垃圾的麻烦、吃起来方便……针对这些要求，三只松鼠对产品进行了精心的设计，一切以"简单方便"为目标，才终于把握了市场方向。

所以，找到一个市场之后，还是需要进行细分，这样才能真正发掘出红海中的蓝海。

打造口碑：做口碑营销才是硬道理

做爆款时营销的重要性不必多说，但是营销不是靠空乏的广告，打造好口碑好才是硬道理。尤其是信息越发对等的现在，如果产品的口碑不好，这个信息在各种社交渠道上都可能迅速传播出去并影响潜在用户，所以注重口碑是必需的，把口碑做到极致，更是营销的重点目标。

三只松鼠非常注重做口碑。首先，他们的产品品质是有保障的，良好而独特的口味以及稳定较高的质量，是人们愿意一次次选择它的根本原因。三只松鼠的销售渠道是极其简化的，从厂家直接到顾客，中间没有复杂的层级关系，所以销售周期比较短，也就能保证产品的新鲜。最开始，三只松鼠的宣传口号就是"新鲜"，可以保证店内的坚果只卖15天，超出这个期限就下架，这显然就是一种态度。而这就保证了坚果的口感，也能赢得消费者的信任与赞赏。

除此之外，三只松鼠在包装上也是很注意的，其包装箱外面自带开箱工具，每个产品都有自己的封口夹，吃到一半可以再将包装封上，避免坚果受潮而影响下次品尝时的口感，还有纸巾、果壳垃圾袋等配套服务品，这些都是针对买家品尝坚果时的需求设计的，可以说考虑到了方方面面。这样很容易在细节处赢得顾客的心，让顾客产生一种被重视的感受。

购买体验是一种服务，也是塑造口碑的一个方式。三只松鼠的购买体验一直都做得不错，发货迅速、服务到位，危机处理能力也比较强。双十一、春节等时段，往往是坚果品牌面临最大挑战的时候，快递容易爆仓挤压，销售额却居高不下，如何让付款的顾客及时收到产品、保证其满意呢？在这样的压力之下，面对顾客的焦急询问以及质疑，当时很多客服都产生了"要崩溃"的感受。最后，还是三只松鼠员工加班加点工作，加上良好的、有诚意的善后，赔偿了买家总共几十万元，终于赢得了口碑。即使责任本身不全在三只松鼠，但他们愿意承担责任并愿意给买家赔偿，这就是一种态度。

同时，三只松鼠还非常注意根据用户的评价，进行产品品质的改良，这也是塑造口碑的方式。一个做坚果的企业该如何获得用户的评价反馈呢？在这个问题上，三只松鼠有自己特殊开发的名为"松鼠云质量平台"的反馈系统，用户在淘宝、天猫等各个渠道购买了产品，其评价都可以通过这个系统反馈到商家，以此对三只松鼠产品的质量进行建议和监督。

每天，松鼠云质量平台都会提取不同产品的好评率，具体到"奶油瓜子""开口松子"等每一个产品，如果好评率较低，系统就可以追溯到具体的供货商，或者是销售过程中的员工。通过这套供应链系统，供货商们能随时得到用户对产品的态度和反馈，然后，实时根据客户的意见进行产品改良。

在这个过程中，客户的参与感就变强了，每一次体验到自己反馈的问题得到了改善，都能让客户对三只松鼠这个品牌产生更强的依赖感，客户也就担当起品牌产品的最佳质检员。

而在管理过程中，这个平台有专门的部门来负责，不仅与其他部门严格分开，而且只对用户负责，内容只汇报给CEO。每天，都有特定的数据采集师在各个电商系统中收集用户的评价，这些用户体验和评价数量，必须达到当天销售数额的1%以上。虽然占百分比不高，但是，参考三只松鼠每天巨额的销售数，就可以看出，这个平台用户之间的互动还是很及时、比例很高的。举个例子，如果当天淘宝评价中采集到的数据里，发现买家的反馈里频繁地提到了坚果外包装出现破损的情况，就会有另外设立的体验分析师进行特定的回访，询问用户包装破损的原因，然后整理出结果汇报给CEO。之后，便根据情况，直接找相关责任人负责。

这就是用户直接参与产品监督的一个非常好的例子，而三只松鼠对用户的反馈如此重视，也能提高用户的参与感，更能让三只松鼠在品质上得到改良，不断前进。

提高参与感：会卖萌的松鼠

2012年，三只松鼠在互联网上的初步试水成功，也让其创立者章燎原领悟出了一个最好的营销策略，那就是口碑营销。只有在买家中树立好的口碑，才能够收获忠诚的买家。而这些买家作为品牌的第一批粉丝，会自动替品牌进行营销，达到最好的广告效果。

章燎原创立公司之初面临着一个重要的问题——如果品牌不能在买家心中留下深刻的印象，就不一定能达到让他们记住甚至愿意为自己做广告的目的。

所以，创始人最终决定使用"三只松鼠"这个名字，把萌宠的形象和坚果联系起来，让买家印象更深。习惯在淘宝、天猫上购物的买家多半都是年轻群体，对"萌宠"这个形象接受度很高，这至少能给他们留下不错的第一印象。当然，淘宝店家千千万，掌握"卖萌术"的更是不知凡几，因此在此基础上，还要提高买家的参与感，让他们的体验变得更好，对品牌更有认同感才行。

章燎原的策略就是，在天猫的销售过程中，大量增加与买家互动的机会，以此提高买家的参与感。

对于每个客户来说，从产生购买欲望到收到货物，再到产生体验感，这个过程是比较长的，而如果卖家把握好这个过程，从中找到广告植入点，就能够见缝插针去收获买家的好感。传统的品牌营销过程中，并不太会注意这个过程，因为买家从买到收的过程并不会耗费太长时间，所以，淘宝电商的一个优势，就是可以依靠这个较长的体验链，来跟客户建立更高的亲密度。

章燎原在经营自己的淘宝店铺时，又是怎么做的呢？

先是从三只松鼠的发货提醒短信开始，每次三只松鼠发货后，通知短信都以"亲爱的主人"开头，并将货物称为"鼠小箱"，给人十分活泼、生动的感受。淘宝上的一些店铺发货后往往不会通知买家，这其实是失去了一次与买家互动的机会，而有些店铺即便给买家发送短信，也往往是以较为官方的语气开头，缺乏亲切度。

而三只松鼠则称呼客户为"主人"，以小松鼠的语气表达，其"卖萌"效果十分可观，可以让大多数买家对品牌产生印象及好感，使之区别于其他商家。根据三只松鼠的调研，将近90%以上的买家都能够在购买一次后记住

"三只松鼠"这个品牌,这一点,就与大量的互动和培养买家的参与感有着密不可分的关系。

除此之外,三只松鼠也很注意在细节上与客户的对话。比如,三只松鼠的坚果箱外面往往会有松鼠尾巴形状的开箱器,方便买家更快地打开纸箱,箱内则配有开坚果器及纸巾等,这些小细节都可以让用户会心一笑。

而三只松鼠的线上客服,则扮演另一个十分重要的、极具有特色的提高用户参与感的角色。在线客服是买家和品牌互动的重要桥梁,在隔着网线的环境下,打造一个令买家印象深刻并满意的客服,对品牌也有着很大的意义。

很多淘宝买家经常会抱怨:"你们家产品不错,就是客服太差劲,说十句不回一句。"有时店铺甚至因此可能得到中差评。对于传统的从产品官网购物的买家来说,官网客服"冷淡"一些是可以接受的,但是淘宝、天猫的店铺客服却一定要热情,因为这也是淘宝店铺立足的一个特色——比其他网店更人性化的服务、更顺畅热情的售前售后交流。

对此,三只松鼠的优势比旁人更加明显,因为他们的品牌设计是动漫形象——可爱的松鼠,这样的角色可以更好地在第一时间获得买家的喜爱。与此同时,他们还很注意在沟通过程中的语言表达。

三只松鼠的创办者章燎原说过,既然我们的定位是萌宠,是三只松鼠,我们就应该对客户喊"主人",打造一种萌宠为主人服务的特殊气氛。这个想法极其巧妙,不费一丝力气就可以让买家的态度更加友好,也能吸引他们的注意力,这就是电商与传统商家相比的优点——只要看不到网络对面的客服,就有无限的想象可能。

章燎原亲自尝试了这种办法,他用自己的账号与买家进行购买前的沟通，留言道："主人，如果有时间记得表扬一下我啊！"而对方的回应是令人惊喜的，他说："摸摸头，小松鼠真乖。"这个过程，增强了买家和客服之间的互动，提高了买家对品牌的认同感和参与度。

从此之后，所有的三只松鼠客服全部以"主人"这个称号称呼买家，在卖萌的道路上大步前进。章燎原甚至亲自写了一本《卖萌手册》，教导自己的客服怎么与买家聊天。

在虚拟的互联网上，电商与传统商业打造品牌的方法是不一样的。互联网的属性，注定让它更重视客户和建立粉丝网络，粉丝效应在这个交流通畅、网络发达的社交圈里，是非常重要的。因为，无论你的产品做得多好，也随时有可能有竞争对手来争夺你的市场，在互联网上，这更是十分常见、周期短暂而且过程残酷的。此时，一个忠实的对品牌充满认可的用户，就显得尤为重要了。

所以，重视买家的参与度和认同感，是做互联网电商的重要一点。

为什么要提高买家的参与度和认同感？就是为了让买家熟悉品牌。而什么是品牌呢？品牌是唯一的、特定的，买家熟悉了这个品牌，就不容易被同类型的商家抢走，这个品牌自然就可以在互联网上被盘活。所以，三只松鼠在塑造品牌时，选择了十分有特色的小松鼠，并且注重在塑造过程中的完整性，将萌宠的这个概念从始至终地贯彻了起来。

引爆品牌：全网推荐，做双十一的坚果类第一

要做爆款，还需要一个营销的点来引爆，三只松鼠选择的方式是全网推荐，然后找准机会开展"事件营销"，最终引爆自己的品牌印象力。

如果你关注过，就会知道三只松鼠这个品牌好像横空出世一般，在短时间内就成为身边人频频提及的对象。要做到这一点，就需要利用社交网站等任何可以投放广告的地方去进行全网营销，而三只松鼠正是全面发力、短时间内铺开宣传的典型。

首先，如微博、微信这样的社交平台是不能放过的。三只松鼠先通过分析数据寻找相关粉丝，然后就有针对性地投放广告。他们或选择和天猫、淘宝等官博合作投放，利用平台的便利；或者直接与微博"大V"和微信公众号联系，利用他们的粉丝效应；或者直接将广告投放在与食品相关的账号中。这样的广告就是精准营销，不是随便找到粉丝多的账号就可以去投放的，一定要精准，让你的投资能够尽可能地转化为利润。

在这个基础上，可以做一些转发活动来调动粉丝的活跃性，设定一个活动话题，并以奖金、奖品等形式促使用户转发，这样可以做到定向推广，也能吸引粉丝。

在社交平台上全方位的推广不仅效果好，而且广告成本也很低。双十一期间，三只松鼠在微博等平台上与粉丝的互动率基本维持在2%左右，而分摊下来，每次有效互动的成本是多少呢？你难以想象，仅仅不到1元。这样的成本跟在淘宝平台上做宣传相比，简直连十分之一都不到，可见社交平台上的推广效果。

除了社交平台，淘宝内部的广告虽然成本高，也是不能放过的。在三只松鼠进驻天猫时，虽然天猫已经初步形成了规模，但相对于淘宝而言还处于发展状态，加上阿里巴巴力推天猫，这个平台非常有优势。三只松鼠选择做广告的方式简单粗暴，就是做钻石展位，让广告宣传打头。当时大多数食品品牌选择的都是直通车推广，钻石展位的推广方式比较"硬"，用户接受度可能没那么高，属于真正的"砸钱做宣传"，但是三只松鼠毫不犹豫地就选择了，投入大量资金将碧根果这个主推产品做到了全网第一。

碧根果成为主推爆款之后，就对三只松鼠的其他产品和品牌产生了有利影响，这就是连带效应。于是，三只松鼠很快就在淘宝上有了一席之地。

而真正的引爆，则依靠事件营销，这个"事件"就是淘宝的"双十一"活动。人们都喜欢关注最好的、关注第一名，在双十一这个全民狂欢的购物节里，如果能做到某个方面的"第一"，该会达到多好的宣传效果呀！所以，三只松鼠定下了事件营销的策略，那就是"赔钱也要当第一"。

在2012年的双十一当天，三只松鼠力求做到销量全网第一，哪怕是分时段、分产品的第一，也要有这样的一个亮点作为"噱头"，才能真正做到让品牌"一炮而红"。在第一线的客服是最先感受到活动效果的，据客服经理描述，当时他们的想法并不是要买家多多购买，而是"别再买了"，否则店铺连发货的能力都跟不上了，这也从侧面反映了双十一事件营销的"给力"，甚至出乎了商家的意料。

这种引爆品牌的方式，立刻让三只松鼠在坚果市场上真正站稳了脚跟。即便双十一已经过去，三只松鼠的订单量还是实现了质的飞跃，这就是事件引爆的结果。

一直到现在，我们一谈起天猫、淘宝上的坚果品牌，肯定不会绕过三只松鼠。但谁能想到，这样一个规模较大的品牌，是在短短两年之内建立起来的呢？可见，爆款的力量是无穷的。

案例2：苹果，经典的产品链才是王道

我们可以从苹果iPhone系列的发展史中，找到一些关于打造爆款的信息。

第一款苹果手机的发售是在2007年，那一年的手机市场还是传统品牌的天下，诺基亚、摩托罗拉、索尼、黑莓等，这些熟悉的名字几乎占据了传统手机市场的半壁江山。就是在这种情况下，过去专注做电脑系列的苹果发布了第一款智能手机，这代表着iPhone系列的开始。在当时，并没有人意识到这款手机在未来会成为如此火爆的存在。

现在回头去看苹果的一代机，你会发现有很多不尽如人意的地方，仅仅200万像素的摄像头、3.5英寸的超小屏幕、不支持蓝牙、不支持多任务处理功能等，别说是跟现在的智能机相提并论，就算是放在当时的手机市场上也是非常没有优势可言的，所以，iPhone1代只在美国本土有一定的影响力，放眼到美国之外，人们并不是很了解这款产品。

一年后，苹果iPhone3G正式推出。这款手机除了硬件上的升级之外，最有亮点的变化就是推出了App Store系统，这对智能手机的发展来说是影响极大的。可以说，App Store平台的开放带动了一个新的产业，对互联网时代有着极其深远的影响。它真正让手机成为了人们生活中的必需品，在娱乐、工

作、个人管理等方面成为不可或缺的部分。

进入2009年，苹果公司又推出了三代版，也就是著名的iPhone3Gs系列。对中国市场上的买家来说，这款手机的地位是毋庸置疑的，因为从此国内终于有了iPhone系列的身影。

苹果真正将手机做成爆款是在2010年，一个品牌乃至一个时代的"机皇"——iPhone4横空出世。这款融合了工业设计与智能科技的手机，不管是从审美还是从科技角度，都几乎达到了当时能达到的完美，用任何溢美之词来形容当时人们的惊喜都是不够的，可以说全球的手机发烧友们都在为之疯狂。

"苹果""乔布斯"与"iPhone4"这三个关键词，就此在手机的发展史上留下了浓墨重彩、里程碑式的一笔。即便现在，在智能手机已经发展了许多年之后，我们再回首去看iPhone4，依旧会发现许多让人惊叹的亮点。而在当时，它的种种突破性设计绝对是先于时代的，现在市场上的智能手机或多或少都留有iPhone4的影子。不管是超高的分辨率、钢化玻璃屏幕与外壳所带来的优秀质感，还是没有键盘只有home按键的设计，都是令人瞠目结舌的创新，所以自iPhone4发售以来，苹果手机真正引爆了市场。

而事实上，不管是手机还是平板电脑、电脑，乃至手表等穿戴设备，苹果所推出的产品都几乎成为了当之无愧的爆款。要做到这一点，苹果的产品有什么典型的特点呢？

总结起来，苹果的"爆款"一般都具备以下几个特点：

1. 品质为王，产品本身十分锐利，是绝对的好产品。

2. 让人有惊喜感，充满创新精神，永远做到超乎想象。

3. 产品线极为精简，靠一款产品打天下，却能占据整个市场1/3的份额。

4. 注重设计，在兼顾实用价值之余将手机打造为艺术品。

这其中有些特点是打造爆款所必需的，我们在前文中也多有介绍，下面就带大家更加深入地去了解苹果的产品理念，看看它到底是如何拥有这么多爆款的。

精简产品：每年一部手机

以前，手机厂商都尽可能多地生产产品，不仅产品系列繁多，每个系列还会因为功能、价位上的差异再细分为十几种。每个手机厂商都这样"贪心"，恨不得将市场上所有买家都吸引过来，让买家不管怎么选都能在自己的品牌中找到心仪的产品。这就造成了一个问题——手机市场的同质化。

每个厂商的技术都是差不多的，甚至配件都来自同样的品牌，如何将手机做出差异？复杂的产品线让所有的手机都能找到替代品，而这样繁杂的产业链让消费者也是一头雾水，如果不认真研究上几天，还真不知道该怎么选择。

事实上，就算苹果占领市场后的几年内，大多数手机厂商也依旧坚持走"全面开花"路线，等到在市场上不断碰壁，才渐渐了解了精简生产线的好处。而这个原则，苹果早在生产手机之前就掌握了。

1997年，乔布斯重回当时濒临倒闭的苹果，他回归后做的第一件事就挽救了这个品牌，那就是精简产品线。在刚回到公司时，作为CEO的乔布斯甚至还会被自家产品的混乱产品线搞得一塌糊涂，这让他十分恼火——如果连公司的领导者都搞不清楚自己公司不同型号之间的产品有什么差别，消费者又怎么会弄明白呢？或者说，消费者有充足的时间和耐心去弄明白吗？

一旦不能把信息良好地传达给消费者，你就无法让其知道你的产品有怎样的优越性，就算产品做得再好，在消费者那里也难以形成一个深刻的既定印象。于是，乔布斯进行了大刀阔斧的整改，将所有不必要的产品线都进行了合并和舍弃。

这种精简到了什么程度呢？当时苹果公司主攻电脑市场，精简后全公司的产品线加起来只有四条——也就是说，每一次研发出新品，他们都只有四个不同型号供消费者选择，分别是专业版的笔记本或台式机、普通版的笔记本或台式机。

乔布斯一直坚持这样一个理念——消费者并不知道自己要的是什么，所以我们要把答案直接告诉他们。也就是说，尽量减少给消费者做选择的机会，把产品做到最好，然后直接呈现在他们面前即可。事实也的确如此，用户对笔记本电脑其实并没有那么多细致的要求和选择，这样精简的产品反而更容易给用户留下印象。直到现在，一说起iMac，我们就会想到苹果近几年刚推出的产品和它们的特色。但说起品牌，我们的印象则比较模糊。这就是精简产品线、将每个产品线做到极致的好处。

在做手机的时候，乔布斯也坚持了这个理念，将产品线做到极简，手机的生产线干脆只有一条。作为一年只推出一款手机的厂商，苹果还能够在手机市场上占据极大的份额，可见这个爆款的力量有多么强大。而在买家心里，购买手机、电脑也变成一件简单的事情，只要观看一下发布会，对刚发售的型号进行简单的了解，他们就能说出其好处在哪里，吸引自己的亮点有什么，知道自己的钱到底都花在了什么地方。不管卖家说的是否也是你的想法，这样的一目了然总是好的，消费者的选择自然也就明确了。

苹果在产品线上的简化，也是对产品质量要求高的一种表现。因为每年都只能推出少量产品，也就是要以"单品"为王，那这个切入点必须要足够锐利，所以他们必须保证每年都拿出极致的、让人满意的产品。这就促使苹果专一地去打磨产品，把少量的产品提升到最好，而不是将精力和资金分散在过多的垃圾产品线上。正是这种专注，才让苹果总能给我们带来惊喜，即便有时也会让人稍有失望，但整体还是瑕不掩瑜的。

从苹果公司的成功经验上，我们可以明白一个真理——为消费者提供多种选择很重要，但是太多、太复杂的选择，则会让消费者厌烦和抗拒。所以，精简产品是做爆款必须要着手的。

注重第一眼品质：设计师的工业时代

做电商，感知比产品更加关键。我们强调的第一眼品质就是如此，品质很重要，但是第一眼就让用户感知到"品质好"更加关键。苹果在打造产品的时候，就非常注重品质，其极致的高质感、设计感和各种细节几乎成为苹果产品的标志。

机身、外壳、手感、细节上的一丝不苟，都让苹果手机看起来像艺术品一般，而其电脑系列也是如此，流畅的弧度和外观设计，即便是完美主义者也很难挑出缺点。所以，苹果的成功几乎可以说是在科技基础上以设计为导向的，是设计师成就了苹果的工业时代。

让产品充满设计感，就是第一眼品质打造的一个方向。为什么苹果要将设计理念贯彻到底呢？

因为设计让苹果与传统的科技公司区分开了，不仅产品有了品质感，而且还从同质化中脱离出来。稍微了解苹果的人都清楚，在苹果电脑推出的时候，它就已经具备了可以攻占市场的高科技技术，即便没有漂亮的外观，这也是一个完全可以靠"才华"取胜的产品。但是乔布斯并不满足于这一点，他选择了将外观打造到极致，让用户体验至臻完美，将设计的理念带入了电脑这样的高科技产业中。

于是，苹果电脑立刻在市场上引爆了，这不仅是靠技术取胜的，还有外观、第一眼品质的作用。

在过去，人们将设计片面认为是产品的无用包装，是一种为了提高附加值而存在的营销手段，是完全流于表面的无用功夫。尤其是在高科技市场上，人们更加关注产品的实用价值和性能，而好的设计，在工程师眼中大概就是骗钱的玩意儿。然而，每个人都有审美的需求，普通消费者未必就如专业人士一样，只关注性能而不在乎外观，这一点就成了隐藏的痛点，也是影响产品品质的方面。

在科技快速发展、迭代的时代，层出不穷的新技术已经足够给消费者带来惊喜了，外观往往不是他们关注的重点。然而只要有一家公司愿意去第一个吃螃蟹，它就会发现，产品的高档外表、良好审美与质感同样能够赢得消费者的喜爱。

在这一点上，乔布斯不仅做到了，还将其做到了极致，他甚至愿意让产品为外观设计服务，宁愿耗费大量的时间和精力，也要保持外观上的完美。就如苹果系统的圆角窗口，将窗口显示为圆角而不是直角，只是一个大多数人都不太会注意到的细节，但是实现的算法却比直角窗口要复杂许多。乔布斯为了显示出更加优美的圆角视窗，宁愿让工程师耗费大量时间在优化计算上，也不愿意妥协于技术。

最终，乔布斯的这种坚持得到了认同，人们开始注重产品的外观，注重产品带来的感觉。尤其是在技术相差无几、不影响使用的前提下，选择一款看起来更好、更漂亮的产品似乎是大家都会有的想法，而苹果一直坚持的设计美学，就在这方面发挥了功效，赢得了用户的心。

在数字时代，即便是冰冷的、汇集了高科技的产品一样要用设计语言说话，我们做电商就更不能忽视设计。千万别忽略你的产品外观，将它的品质、给人的观感做好，一定可以给你的产品带来更多的"直觉用户""第一眼用户"。

案例3：步步高学习机，从鸡肋到不可取代

国产品牌卖得最好的平板电脑是哪一款？你可能想象不到，正是我们常常忽略的步步高学习机。一般的国产平板电脑一年卖出两三百万台就已经非常不错了，但步步高仅仅是教育方面的学习机、点读机等，一年就能达到几百万台的销量，更不要说其他类型的平板电脑了。虽然学习机的配置往往不及平板电脑，但新品价位设置在3000元左右照样可以为大量买家所接受。

步步高学习机的魅力到底在哪里呢？其实它就是一款可以辅助孩子学习的平板电脑，而它能做到的功能大多数平板电脑都能做到。步步高学习机中与学习有关的内容不少，但归类来说不过是字典、在线讲课视频以及各种学习资料、题目，还有一些给孩子的寓教于乐的游戏，而这些，在信息爆炸的现在，都可以从互联网上找到免费或者廉价的替代品。也就是说，步步高学习机能做到的其他平板电脑都可以做到，而平板电脑能的其他功能，步步高学习机显然并不具备。

步步高学习机的配置可以说是"低端"的，由于学习机本身要求不高，所以其所有配件都远低于一般平板电脑。但是，这样"低端"的产品，只具备完全比不上平板的"鸡肋"功能，却能卖得很好，甚至可以与苹果相比，就不得不令人叹服了——到底是什么催生了这个爆款？

步步高之所以能将点读机、学习机做成爆款，做成每个家长都想给孩子配备的电子产品，就是利用了"痛点营销"手段。平板电脑可以帮助孩子学习，这一点很多家长都了解。现在，家中只要是配有平板电脑的，都会给老人、孩子使用，但是让孩子玩平板似乎又不是一件好事，家长们心中总有担忧——孩子会不会玩上瘾不学习了？给他平板是让他辅助学习的，他会不会借此机会玩乐？

基于这个担忧，步步高就推出了针对学习的特殊平板电脑，也就是学习机。学习机内部配置有大量的学习资料，可以联网，但是联网也只能搜索题目、观看在线课程，可以说它就是一个只有学习功能的平板电脑，这一设置完美地从源头掐断了孩子利用平板电脑玩乐的可能，解决了家长的担忧。

除此之外，让孩子使用平板电脑学习还会有一个问题——学习资料从哪里找？什么样的资料是权威的？正确性能保证吗？先不说网上的题目答案是否正确，就说"搜题"这件事，对孩子来说就是件非常耗费精力的事情。为什么平板电脑不能像书本一样，拿起来就可以指导孩子按部就班地学习呢？对待家长这个困扰，步步高也有针对性地进行了解决。

步步高有专门的教师群体，针对不同年龄段的需求给孩子编写题目，同时步步高还收录了大量的正版电子课本。有内部人员透露说，虽然硬件成本不高，但并不代表步步高在学习机上的整体投入少，有相当一部分资金是花在"收录知识"上的。步步高为了买下书籍、题目和音像制品的版权，每年都要投入上亿元。所以，购买步步高的学习机不仅是购买了一台平板电脑，更是购买了其中收录的知识。

这样看，步步高学习机的价值就高了许多，我们也能理解家长们为什么乐于购买了，毕竟它的针对性的确很强。尤其是注重孩子教育又容易出现教育不平衡问题的地区，焦心的家长很可能将目光投向学习机，希望能给孩子找到学习的"帮手"。这种针对痛点的设计，成为步步高成功的基础。

除此之外，步步高不仅注重满足家长需求，更乐于增加真正的用户——学生群体——的黏性。家长们要满意，就意味着娱乐性不能太强，那怎么让学生产生依赖感呢？怎样在二者之间找到平衡呢？厂商最终采取了一个极其巧妙的方式，步步高学习机中也配置了游戏，游戏一部分是属于益智、教育类的，可以让年幼的孩子一边玩一边学习，潜移默化地让他们学习知识，另一部分则是有条件开启的游戏。也就是说孩子必须在学满一定时间、正确率达到一定比例之后，才能获得一定的金币奖励，而这些虚拟金币就可以用于开启游戏，金币花光之后就不能继续玩游戏了。如果孩子对游戏感兴趣，为了能够继续玩下去，就必须认真学习再去赢得，这就是一个很好的平衡，既增强了学生的黏性和使用频率，也满足了家长的需求。

现在，你明白步步高能在平板市场上一枝独秀的原因了吗？

案例4：鲜誉极参，从0到1的逆袭

2015年春节期间，一个推出市场不到一个月的水产品牌瞬间成了当时最令人瞩目的爆款，火爆销售超过8000盒，这就是"鲜誉极参"。该品牌如何做到在互联网上从零开始，瞬间火爆的呢？让我们来看看鲜誉极参是怎么逆袭的。

鲜誉极参的爆款之路，其实很符合我们所讲的做爆款的原则与步骤。首先，主打水产的管理者在选品上非常小心，将爆款定位在了水产市场上缺口最大、经济附加值最高的海参类产品上，这就意味着利润空间和可操作性较强，而且比较有市场潜力。

在确定产品之后，就有了初步的定位，但是对市场、用户群体的把握还是不够准确，所以需要对爆款进行试水操作。鲜誉极参就是通过小范围的测试，在两个月的周期内先卖出了一定产品，然后对市场有了初步的判断和预估，这样在后续进行推广时就有准备了。要记得，每一个爆款的推出基本都不是"无准备的仗"，试水爆款是必需的环节，做好这一点可以让我们对市场有更深的了解。

然后，鲜誉极参的产品打造也是非常重要的一点，好的产品不一定是爆款，但爆款一定会有可取之处，产品做得好是爆款的基本。海参这个市场产值是很高的，经济附加价值也不低，尤其是在火爆的礼品市场上，海参的确是主力军。但是海参市场的不透明性太强了，同样重量的一盒海参价格从几百到几万元不等，这个产品到底是如何定价的、这些价值都体现在哪里，消费者完全无从感知，只能依靠商家宣传。

可以说，海参就是现在市场上信息不够对等的产业之一。而想要做线上平台的爆款海参，就一定要将信息都展示给消费者看，这才是打开市场的关键。鲜誉极参就是一个展示"诚信"的产品，将产品做到有性价比，以相对低廉的价格做高质量的产品，将海参市场上的一些"潜规则"都透漏给消费者，以赢得他们的信任。

现在做品牌要做的就是诚信，让买家信任你，你的产品才能卖得好，你才能积累大量的粉丝。

除此之外，做海参产品还需要一定的创新，才能将海参做出爆点和新意来。然而在近些年的发展中，由于海参市场火爆而且竞争压力不大，产品品类并没有太多更新，还是以即食海参、盐渍海参和干海参这几种为主。然而即便是不必泡发就可以食用的即食海参，吃起来也不够方便，这就与现在快节奏、要求便捷的生活方式相悖了。

所以，鲜誉极参开发的时候就很注重顾客们"怕麻烦""不会做"的痛点，有针对性地研究出了食用便捷的产品，不仅海参的处理过程简便了，存放温度也没有了非常苛刻的要求，这都让吃海参这件事变得更加简单、更容易被接受了。

而且，鲜誉极参推出市场的时机也把握得很好，正好赶在春节前后送礼最为频繁的时间段。可以说海参市场也是应季性的，由于它的礼品属性比较强，所以在大型节日前往往都会迎来一个红火的销售高峰期，选择在这个时段推出鲜誉极参,就能在时机上得到好的效果,让产品销量更上一层楼。

为了满足人们送礼的需求,鲜誉极参也在包装上进行了比较贴合的设计,相对华丽、雍容的包装足以让产品成为一份拿得出手的礼品,这就是鲜誉极参针对市场对"第一眼品质"要求做出的反应。

正是因为综合了多方面的考虑,最终鲜誉极参成功在春节前引爆,成为一个爆款单品。

案例5：YOHO，无法山寨的潮人社区

同样都是线上销售，跟一般的电商相比，"YOHO！有货"（以下简称有货）是个比较特殊的存在。虽然也是电商平台，但它却很少陷入低价格战当中，其产品标价看起来高得"离谱"，但销量极高。这样的产品，应该算是互联网上的另类爆款了。

有货是怎么做到的呢？首先，它是一个针对"潮人"设立的平台，所面向的主要人群的消费情况就是区别于大众的，所以自然会呈现出一种比较另类、"火爆"状态。而"潮人"这个群体其实很难定义，追求时尚的年轻男女算是潮人，但潮人远不只是这些人。不过我们可以确定的是，这个范围不会太大，所以有货的定位其实是"大众中的小众群体"。

这样的群体有着鲜明的标签，他们可能在18到30岁左右，对时尚有比较敏锐的嗅觉，对价格的接受度较高、消费能力强，而且对时尚品牌有自己独特的认知。从消费角度来看，这些人的购买力非常强，只要符合自己的审美，他们就愿意为喜欢的产品进行别人认为"不值得"的消费。

这个群体也同样是挑剔的，要做到"符合他们的审美"这一点本身很不容易，但只要能从这一点切入进去，能够获得的经济利益则是巨大的。而有货就是从满足挑剔人群的审美需求入手，先从时尚杂志做起，逐步构建了现

在的这种架构。

总体来说，有货的成功来源于准确的定位和对发展方向的把控，如果对自己的目标用户不明确、没有找好发展方向和起步的点，一定很难真正做好"潮人"的生意。

2002年，有货的创始人梁超大学毕业，在媒体系统工作的他对时尚有着自己的敏锐度，他很喜欢阅读时尚潮流杂志，并因此产生了一个想法——既然这些潮流杂志有受众，为什么不能有自己的时尚杂志呢？

可见，梁超产生"做杂志"这个想法时，就已经明白了自己要针对的目标群体——对时尚有敏锐度和关注度的人，有一定消费能力和审美的年轻群体。他筹集了一部分资金，在2005年正式创立了《YOHO！潮流志》，并在第二年就实现了盈利目标。

杂志能带来的利润是有限的，随着网络的不断发展，梁超发现杂志的信息交流和互动也可以放在网络上进行，于是他又为自己的读者和粉丝创立了专属的论坛，方便这些同好们在一起讨论。可以说，杂志给梁超带来了第一批粉丝，而论坛的建立又让这个群体变得更有归属感、更加忠实。有货平台的成功，也有赖于这第一批粉丝的支持。

在杂志销售的过程中，梁超常常听到这个问题——上面刊载的衣服能从哪里买到呢？这个问题让他发现了一个尚未被市场发掘的痛点，那就是人们在看到杂志上刊载的时尚搭配时，不仅会学习这些概念，还会产生想要购买这些商品的欲望，这个需求就是买家的痛点，就可以带来利润。

当类似的提问越来越多、群体的需求越发明显时，梁超就基于有货的社区建立了电商，之后又做到了独立经营。所以，有货的出现，本身就是一个通过市场反馈发掘痛点的过程。

同样都是电商,为什么有货的产品不必做活动、走低价,一样可以卖得很好?单靠粉丝效应是无法做到的,有货之所以能成功,首先是因为渠道靠谱。靠谱的渠道让货物来源有保证,可以保真、保质,可以与线下的产品有一样的品质,却满足了找不到线下门店的买家的需求,所以自然也可以让商品保持较稳定的价格。

有货的渠道与淘宝等平台不同,也就决定它的运营销售模式也与众不同,目前的有货平台主要有三种运营模式:

其一,作为品牌店铺的渠道。有货与品牌商合作,邀请品牌入驻自己的平台,此时有货所扮演的角色就类似于淘宝等,只是给买家提供了一个购物的渠道,所有销售活动都是品牌自己在运营。一般情况下,小众的设计师往往会选择与有货合作。这种方式既满足了买家想买潮流商品的需求,也能帮设计师打开市场,能获得利润。

其二,代理品牌进行销售。这种方式中,有货所扮演的角色类似于经销商,品牌将自己的某些系列交给有货代理在线上售卖。

其三,与品牌合作推出产品。有货与潮流品牌合作推出产品,通过合作的方式,利益共分享,风险一起担。

以上三种运营模式,首先保证了有货经营的商品足够"潮",不够时尚的商品轻易不能进驻这个平台,这就确保了平台风格的统一性。

其次,有货的运营模式还令它拥有一个显著的优势,那就是保证了产品的"真"。

线上市场假货横行,可以说是现在大多数买家的一个痛点。买家宁愿多花钱去买真货,也不愿意买到假货,与之相对的,令卖家想要获得买家的信任也很难。有货的渠道比较单一,合作方式也非常简单,这就在一定程度上保证了其商品的真实性。一旦在买家的心目中建立起"真"的形象,就能赢得信任,信任可以说是互联网上品牌成功的基础。

除此之外,有货的产品足够时尚、换代足够迅速,又可以做到保真,也就不容易被跟风模仿、被山寨。爆款的特点就是要足够新、足够有特点、不能被模仿,有货都做到了。

所以,有货发展成了为小众市场上的爆品。

案例6：大疆，无人机中的战斗机

对无人机有一定了解的人大都会知到"大疆"这个品牌。虽然因为行业局限，大疆的名声还不足以家喻户晓，但在业内人士眼中，它绝对代表了中国科技发展的前沿水平。大疆在空中机器人市场上有世界领先的地位，其自主研发的军用、民用无人机几乎是全世界爱好者和专业人士的选择，就连美国军方也在使用大疆的无人机。

如果说在手机市场上，中国有"华为"值得骄傲，那么在无人机市场上，"大疆"也绝对是名副其实的中国代表，甚至被国外媒体评价为"无人机市场上的苹果"。民用无人机市场如今已经出现了多方竞争的局面，甚至连一贯喜欢走低价冲击市场路线的小米也涉足其中，而大疆依旧稳坐钓鱼台，占据着超过70%的市场份额，堪称无人机市场绝对的"老大"。

大疆是如何在高科技市场上代表中国企业走出这样创新性的一步呢？能做出这样的规模和地位，大疆做产品的态度、经营的方式都值得我们借鉴。

大疆在创立伊始，对自己的定位就非常清晰，大疆要做全球空中机器人市场上的开拓者，尤其是在"飞行影像"的方面。我们平时所说的航拍器，就是大疆所要做的产品之一，也属于拍摄"飞行影像"类的机器。

这种定位并不是空口而谈，首先是专业性给他们带来了信心，其次是大疆对市场有一定敏锐度的认识。在大疆出现之前，无人机并不属于市场上被普遍接受的民用品，它多半用于专业性较强的活动，普通人不好奇也不会想要去购买和使用无人机，是大疆的团队对这种非通用的无人机进行了改装，才打开了一个新的市场。

也就是说，在大疆出现之前，民用无人机市场不仅是空白的，而且几乎是完全不存在的。人们没有意识到自己对无人机、航拍器等有需求，即便有也无处购买。而大疆通过技术手段和大胆创新，填补了这个空白，立刻在短时间内从小团队成长为绝对的大公司。

这就是对市场的敏锐度带来的结果。要做开拓者，需要勇气，更需要有对市场的正确判断，大疆这个企业显然两者都不缺，所以才能有如今的成功。

规模扩大了、产品线成熟了、地位上升了，大疆却坚持自己的定位没有改变。如今的大疆，虽然早已掌握了远远超过行业水准的高端技术，但依旧坚持一开始的定位和想法，就是要专注地做好"空中机器人"，做"飞行影像"类的产品。这种踏实的定位，可以让企业走得更远。

大疆的产品线也非常有特色，属于"金字塔"形的产品线，这样构造出来的结构更加科学、足够满足市场需求。简而言之，大疆的产品线就是从低端到高端、从入门到专业的全覆盖，金字塔的最底端是入门级机器，比如标价2999的"精灵3"；金字塔中间则是依次升级的产品，如"精灵4""inspire"等，填补了中档消费水平买家的需求；金字塔顶端是大疆如今的技术尖端产品，如"筋斗云"无人机等。这样的产品线结构，可以让大疆在无人机市场上站得稳、走得远，既能照顾到广大普通用户市场，又能满足发烧友们"科技发烧"的需求，保持自己市场龙头的地位及产品的覆盖率。

你会发现，大疆走的也是精简的产品路线。无人机市场的"金字塔"每一层都只有一到两款产品，这样的系列划分更加清晰，人们不会因为繁杂的产品线出现购买、选择上的问题，可见它也是支持精简产品系列的。

除此之外，大疆的行事风格比较稳扎稳打，能够基于专业的了解和对市场的判断去做抉择，这也是我们面对当前的市场很需要学习的。现在，国内国外的大公司都在试图自行研发无人机，并且将其应用到自己的产品中，比如阿里巴巴、亚马逊、谷歌等，都试图开发"无人机送货"这样的功能。如果真的能做到这一点，将意味着又一场科技革命的开始，可大疆却在这方面很保守。

对此他们的解释是，做产品并不需要追着热点跑。这一点对于做电商的我们来说也有很强的指导意义，做热点的东西能给我们带来市场红利和利润，但并非所有的产品都一定要追着热点走，热点当然好，但也要看能否在短期内实现利益的获取。如果你给自己的产品选择了一个会走向"死路"的热点，那就是得不偿失。

现有的技术还远远达不到可以研发出无人送货机的程度，所以追逐这种热点几乎是白费力气，这样的市场要做成熟也需要很长的时间和多方面的磨合。与其见到热点就追踪，结果什么效果都看不到，大疆更愿意立足于自己的产品定位，扎扎实实地做创新，在每个阶段做自己应该去做的事情。

也许做电商，也应该有这样的冷静态度。

案例 7：优衣库的快销神话

近些年，优衣库作为快消服装品牌的快速崛起，让人们看到了服装市场背后还能继续发掘的巨大空间。优衣库能做到如今的规模与体量，到底是依靠什么呢？

探寻优衣库快消神话背后的根源，可以帮助我们找到一条与之类似的爆款之路。

优衣库的第一个特点就是注重品质，即使是低廉的价格，也一样要做出优秀的品质来。为此，优衣库的CEO柳井正在大众面前有一个相当"不好"的形象，那就是过于"辣手狠心"。在日本，优衣库的工厂因为要求太高、工作压力太大，至少有一半员工都会在入职的三年内辞职，这种情况在日本是很少见的，所以不免有人将优衣库企业称为"黑心工厂"，可知其领导人在大众眼中的形象也不会很好。然而这一点对于消费者来说，却是绝对的益处。

优衣库的员工之所以压力大，正是因为公司对产品质量的要求太高，即便是在以细心严格闻名的日本也是数一数二的，几乎达到了"变态"的级别。举个简单的例子，一般情况下工厂的产品次品率应该保持在2%到3%以下，也就是说次品的量不能超过总量的这个比例，否则就是不合格的。而优衣库则不同,他们的次品率要求是0.3%,可见他们对生产线的要求是什么样的标准了。而且,优衣库的次品率低并不代表他们评判次品的标准也跟着下降了,事实上他们对次品的判断更加严苛,一件长袖衫的外侧能看到线头,哪怕只有不到一毫米,也要被定为次品。正是因为公司的严格要求,优衣库才能给消费者呈现极端品质的产品。

这就是优衣库的"品质为王"策略,他们的产品也许外观不够锋利,但是从服装的角度着眼,这种高质量本身就是"锐利"产品的特点之一。

除了定价低、质量好这样的高性价比让优衣库打响品牌之外,它的另一个特点,也是真正引爆市场、让人惊叹的点,就在于它能够将低价的产品也做出高审美来,也就是我们平常说的"有格调"。

在过去,什么样的产品是有格调的呢?通常人们认为是奢侈品,是一线大牌,还要贵,好像不贵的产品永远都没格调。可是,人们对时尚的需求是不分阶层的,即便是普通民众消费不起大牌,也一样有自己的审美观念,希望能享受到有格调的产品。而优衣库就在做这样一件事,产品的定价不高,但总是能有独特的品位与格调。

早期,优衣库实际上和中国的许多企业一样,都艰难地走在"便宜没好货"的道路上。价格低廉的服饰意味着附加价值也少,所以它们谈不上有设计感,也没有什么"美"感。做这样衣服的品牌太多了,要想从中脱颖而出,光是做好质量还不够,还要有更难以被取代的特点,所以优衣库就开始进行整改,开始做格调。

一个简单的方式,就可以利用买家的心态提升产品的格调。在优衣库刚进入中国市场时,因为质量不错、价格偏低,人们对这个品牌的认知是比较"接地气",将它与真维斯、美特斯邦威等相提并论。与这些中国本土品牌站在一个定位上比拼价格，优衣库显然很难胜出，所以它开始走另一条路线。

优衣库的专卖店更换了新的招牌，突出了品牌的国际化，人们就立刻意识到这是"进口的"，继而根据习惯认知，不免为其贴上"高档品""好东西"的标签，这就是一种提升"格调"的方式。当然，这显然只是"小道"，只是一个细节，可能起到一点作用，并不能从根本上解决问题。

实际上，优衣库在做格调方面付出了很大的努力，真正影响它在人们心中认知的因素，主要有三个方面：

优衣库在产品线上做减法。优衣库也是以爆款模式在做产品，原本繁杂的产品线经过改革后，简化为"以一带多"的模式，重点推广一个最强、做得最好的产品，然后带动其他产品系，而整体数量都不会特别多。这样，产品研发的精力就可以集中起来，更容易将主推产品做到极致。

从设计上进行改革。优衣库早期的产品充满居家风格，整体没有太大特色，没有具有冲击性的、让人产生购买欲望的点，这就需要重新对产品进行设计、改良和包装。同时，店铺的选址与标志等设计也会产生一定影响，比如一定要选择简约、高端的广告与标志，一定要在最繁华的地段开店等。优衣库就是通过这种方式，扭转了其在人们心中的印象。

从技术上改进产品。服装市场是一个技术含量较低的市场，但优衣库却将科技融入了服装制作中，让人们能从穿着体验上感受到不同，这就是技术带来的革新。不管是早期推出的摇粒绒卫衣系列，还是自发热保暖内衣，甚至是近年来大力宣传的超轻羽绒服，都是充满科技感的技术型产品。将技术融入衣服，不得不说是很"优衣库"的一件事。

如此一来，优衣库的产品定位就变得高端了，即便价格依旧走平价路线，却可以吸引更多的消费群体，让任何人选择优衣库的服饰时都不觉得"掉价"，这就是优衣库最神奇的地方。

案例 8：大众点评，从团购到闪惠

在团购市场上深受欢迎的网上平台"大众点评"，深谙产品需要"快速迭代"的道理，因此在团购市场已经接近饱和、拼杀激烈的时候，它快速推出了新产品——"闪惠"，并因此立刻引爆了市场，在与竞争对手的比拼中稳占上风。

可以说，"闪惠"从推出开始就吸引了大量消费者的目光，它就是大众点评所推出的新一代爆品。"闪惠"到底是什么？它和团购之间有什么本质的区别呢？研究一下这些问题，我们也许能看到如何才能将迭代产品做成爆品。

"闪惠"可以说是团购的升级版，以前我们到店消费时可以团购，团购品有一定优惠，但是一般局限于固定的搭配，而且必须提前购买，先支付后消费。"闪惠"则不同，我们不必提前买，而是可以先消费完，再在支付的时候享受一定折扣优惠。这就简化了使用大众点评付款的过程，我们可以像正常付款一样，"先吃后付"，只是需要在线上平台支付而已。

而且，"闪惠"的优惠一般更加灵活，多是"满减"的优惠，所以对菜品的搭配没有限制，用户可以更随心所欲地根据自己的喜好进行选择。最后，对商家来说，签约"闪惠"，自己的灵活度也很大，完全可以设定自己的优惠时间。这样，商家就可以在火爆的时间段减少或者关闭优惠，在人流量少的时段加大优惠，通过这种方式调节客流量，保证经营更加稳定。

相对于团购而言，闪惠对顾客和商家来说都是更加灵活的。顾客可以更随意地选择店内的产品，不必再受限于团购套餐，而商家可以灵活地根据自己的经营情况进行优惠。

以往团购盛行的时候，商家常常面临这样的苦恼——团购的用户也喜欢在黄金时段、客流量最多的时候前来消费。一个商铺的接待能力是有限的，如果黄金时段全是团购客户的话，就会有一些正常消费的客户被"挤走"，而后者其实反而是能带来更多利润的。所以，一些商家经常强调在某些时段不接待团购客户，但是这样的行为又很容易伤害团购客户的感情，从长远来看也是非常不利的。如果正常接待团购客户，不仅减少了其他客户的流量，还容易让正常的客户也转化为团购用户。也就是说，这些原本对价格不敏感的正常客户，在看到团购客户可以用更低廉的价格享受相同的服务之后，可能就会变得敏感，以后也会很注意是否有团购。

这就导致团购不仅没有带来更大流量，反而让客户们更容易对产品、价格斤斤计较，这也是很多商家最想避免的。

但是闪惠则不同，首先它是可以分时段设置的，商家完全可以在一天内的某个时段设定折扣，这个时段最好是客流量较小的时候。这样，想要享受折扣价的客户就只能在这个时段前来消费，不再有团购客户在黄金时段扎堆的情况了。而且，这种折扣的设定会直接在优惠页面上展示出来，想要闪惠支付的买家在一开始就接受了分时段折扣的概念，也就谈不上被伤害感情等情况了。而对普通用户而言，他们也可以根据自己的情况选择是否享受闪惠折扣，不同的消费时段有不一样的折扣额度，这个概念比团购更容易令客户们感到公平,根据客户自己的不同需求,可以进行灵活的安排。所以,客户对价格上的敏感度不会像对团购那么高。

可以说,大众点评的闪惠服务不仅改变了用户的支付方式,让线上付款变得更加容易、简单,也解决了商家的一些痛点。所以,闪惠刚一推出就受到了众多商家的欢迎。这就是一个解决痛点的升级品打开火爆市场的成功案例。

案例 9：九阳电饭煲，全民"晒胆"

之前我们多次讲过九阳铁釜电饭煲是如何成为"爆款"的，它的成功是一系列因素综合所致，比如产品足够"锐利"、戳中了买家的痛点等，而合理巧妙的事件营销，也是九阳电饭煲在市场火热的原因之一。

下面我们就来看看，这个传统的公司是怎样利用事件营销激发买家的参与感，从而让产品在互联网上火爆的。

最开始，九阳电饭煲的推广就定位于新媒体，新媒体平台上，"传播"比"宣传"更加有效，所以九阳没有花费大量的资金放在做传统广告上，而是将这笔钱全都"送"给了买家，推出了"送一万台电饭煲"的活动。

这个营销策划是非常符合新媒体的特点的，很有创新性和颠覆性。九阳没有选择一贯的广告渠道，反而是直接用产品来说话，让消费者和目标买家得到利益，这一点就足以引爆市场。通过粉丝、消费者和新媒体用户的积极参与，比如活动转发、评论等，九阳电饭煲的名气就迅速传播开了，效果很好。而且在这个过程里，消费者就是传播者，他们的参与感和积极性被调动起来了，对产品也会产生更深的印象和好感。

九阳在新媒体平台上的活动主题，就是"全民晒胆"。主题选得好不好，直接影响人们对产品是否关注、关注点在什么地方，而"全民晒胆"这个主题的选取就比较到位。首先，"晒胆"的形容让人们聚焦在了电饭煲的内胆上，而内胆可以说是这款电饭煲的卖点，这个主题一下子就突出了电饭煲最大的优势，能让人们关注到产品的卖点，而不会偏移关注点。

其次，"晒"的行为富有趣味性，容易引起人们的关注和参与。在社交网站上，人们最喜欢的事之一就是"晒"，晒生活、晒工作、晒一切，很多可以晒图的活动都能吸引大量人的参与，所以以"全民晒胆"为主题，足以调动许多有分享欲望的用户的积极性。

而且，这个主题乍看之下，让人觉得有些难以捉摸，也就是说不够"开门见山"。而这却会引起人们足够的好奇心，如果你的活动名称没有一点爆点、不能引起别人的好奇的话，人们的关注度也就不够高了。

总之，九阳通过这个主题，利用自媒体渠道的转发制造出了一个新的话题，在社交平台上创造了一个互动峰值：仅仅3天时间，就有超过30万人次参与了微信平台上的活动，用户"晒胆"图片超过2500多张，活动主题下的留言互动达到1.5万人次，微博也连续位居热门话题前列阅读量居高不下……

这种营销配上线上、线下的销售助推，当然有效地提高了销售额，所以最终的结果是可喜的，这款产品比以往九阳的产品卖得都要好。

九阳打造这种营销模式，事实上就是其营销思路针对互联网平台的一种变化。不仅仅是线上品牌在紧追着互联网时代而行，线下传统品牌也一样在改变，而这个改变的方向就是抓住消费者想要的东西。在互联网时代，消费者不买你的产品也许不是不认可，但一定是因为对你的产品"不够了解"。如果你的宣传方式不对路，与消费者的互动不够积极，不能调动消费者的参与度，他们就对你的产品毫无了解。由此，调动消费者的积极性和参与度就成为所有品牌与企业都必须要做的事情。

尤其是我们要做线上企业，更需要注重这种参与、互动，就像九阳做电饭煲一样，给消费者创造一个参与的点，推出一个事件，引爆消费者的关注热潮。记住，现在做品牌，不要让企业为产品说话，而是要让消费者来参与，最好是让消费者主动想要为产品说话。要达到这个目标，合理的营销是不能少的。

案例10：西贝莜面，一碗舌尖上的面条

西贝莜面村，这个听起来有些独特的品牌在过去几年间火爆餐饮市场，堪称是异军突起的爆款。

莜面，是一种中国西北部地区常见的面食，人们用莜麦磨成面粉，加工成筋道可口的面食。而有着"西贝莜面"名称的这个餐饮品牌，正是专门经营西北菜系的企业所打造的。你会发现它的名字很有意趣，既代表了"西北的莜面"，又暗合了创始人贾国龙的姓氏——"贾"，名字取得这样用心，可见创始人对其的看重。

事实上在经营过程中，贾国龙的专注是人所共知的。通过管理、升级以及营销，西贝莜面获得两次在联合国展示中国西北传统美食工艺的机会，仅仅在2015年，就在全国发展了53家门店，门店总数量超过130家，年度门店数量涨幅超过60%，营业额超过20亿元——而这，还是在不开放外部加盟店的情况下达到的。

西贝莜面真正地火了，成了餐饮行业的"爆款"。它到底是如何发展到这一程度的呢？

首先，这种成功来自于贾国龙的高要求和独特的经营理念。

西贝莜面的后厨全部是明档，所有制作过程都展现在顾客面前，做到了

安全、卫生、放心。

中国的餐饮企业要做好,就一定要掌握住顾客最大的痛点——安全。吃得安全,是顾客的最基本需求,无法获得这方面的信任,就意味着难以吸引顾客。所以,如何建立信任,成为餐饮企业第一个要解决的问题。

自从卫龙品牌公开了自己的产品制造流程,"辣条"在人们心中不干净的印象就被抹去了,人们提起"卫龙辣条"都是赞美、信服的态度,这就是通过信息透明化赢得了顾客的信任,同样这也意味着需要时刻接受顾客的监督。卫龙的信任之战打得好,西贝莜面也不差,全部明档意味着制作流程都接受顾客监督,后厨是否卫生、菜肴是否安全,全都是看得见的,这就是在赢得信任。

在菜品上做减法。餐饮企业也可以精简产业线?当然可以,在菜品上做减法,有时比繁杂的菜系更容易令人青睐。西贝莜面原本的菜单也是比较复杂的,日常供应菜肴超过100道,但是这就出现了一个普遍的问题——这100道菜,都是拿手菜吗?

只要是餐饮店铺,推出的菜肴总会有好吃的、有不好吃的,如果一味为了凑数量而加入一些不熟悉、不拿手的菜,很容易影响口碑。与其如此,不如精简产品,做到产品也许不多,但每一道都是精品。基于这个理念,西贝莜面的菜单最终保持在了40道左右,这个数量不多,但能确保口碑稳定。

传菜及时、好吃好看。西贝莜面的传菜、上菜是很快的,对于时间他们有非常严格的规定。一些菜肴可能制作起来并不容易,加工很慢,但可以提前做成半加工品,总之是要保证上菜的速度够快。"等"是餐饮消费者最难以接受的事,所以如何让买家不需要等、怎么安排菜肴才能最快上桌,这是一个难点,但一定要解决。

第十一章 从零开始，打造粉丝信仰

除此之外，西贝莜面对于"好吃"几乎有一种执念，不仅要好吃，卖相也不能差，毕竟如今是"看脸"的时代，卖相决定"格调"，"格调"决定定位。

员工对产品有了解、有信心。当员工不了解产品的时候，一般都会出现信心不足的情况，面对顾客的询问支支吾吾，显得很不专业，也不能给顾客提供好的建议，这往往会影响顾客的就餐体验。而要做到专业性强、有信心，就一定要了解产品，还要发自内心地肯定产品。所以，西贝莜面很注重对员工的培训，让员工了解产品的制作工艺、原材料品质等，保证他们在顾客面前不仅能"说上话"，而且能给出专业性的建议，这样顾客在接受服务时也会更加满意。

以上只是西贝莜面经营细节的某些方面，你会发现这些信息中蕴藏着许多做爆款的要点。所以，道理其实都是相似的，只有学会运用才能打造出爆款产品。

事件营销：面条与舌尖上的中国

西贝莜面不仅会经营，也很会营销，而且能将营销与产品都做好，这一点着实不容易。西贝莜面选择的事件营销方式，就是将自己的产品与华人圈中火爆的《舌尖上的中国》纪录片联系起来，借助《舌尖上的中国》的热度为自己的产品与品牌赢得关注度。

《舌尖上的中国》系列纪录片能带来怎样的经济效益？如果不去了解，你可能无法想象它带来的连锁热度——纪录片中所出现的一系列有名的、无名的特色食品，都在线上、线下平台热卖。比如以柳州螺蛳粉为例，它口感酸辣，还有奇特的臭味，过去一直很难打开除当地以外的市场，但自从在纪录片上播出之后，不管是袋装的、真空的、速食的还是街头巷尾的螺蛳粉小店，都纷纷火爆起来，螺蛳粉在淘宝平台上的销量也是陡增。其他的产品也是如此，所以无数敏锐的商家都想搭上《舌尖上的中国》这个"顺风车"。

在这种情况下，西贝莜面当机立断，在《舌尖上的中国2》中选择了与莜面有一定联系的产品——手工空心挂面，将其买断后推出市场。2014年7月，西贝莜面宣布以600万元人民币，买断了张爷爷家未来三年内生产的所有手工挂面，然后正式以"张爷爷家的手工酸汤挂面"为宣传口号，在全国门店推出这款产品。

如果没有《舌尖上的中国》，这就不过是一碗普通的挂面而已，但是在纪录片的热度影响下，人们对这碗似乎不同寻常的挂面有着超出想象的热情，所以酸汤挂面一经推出，就在市场上火爆起来，甚至有不少人专门为了品尝纪录片里的挂面才来消费。这个事件营销所带来的收益，远比600万的买断成本要高得多。

短短两个月的时间，"张爷爷的手工酸汤挂面"销售额就超过了1700万元人民币，人们愿意排队来吃这碗面，成为一时的热点。

然而这碗面之所以能火，不仅仅是依靠事件宣传做到的，西贝莜面在产品质量上也有很严格的要求。既然宣传的是"张爷爷的原汁原味挂面"，就一定得做到原汁原味，品质把控必须严格。这与西贝莜面一向坚持的"好吃"战略相吻合，不管什么产品，一定要做到好吃，否则就算赚钱也不能做。

为了做得"好吃"，西贝莜面甚至愿意牺牲利润，这一点是值得我们学习的。不要让爆款与质量差画上等号，真正能成为爆款、打入市场的产品，其实都是以品质为王的。所以，选择少量的产品，用最多的精力去打造它，才能给买家呈现出最极致的产品，才能让他们爱上你的产品，并带动产品的口碑和销量。

西北莜面在做产品的时候，就深谙这样一套爆款法则，对菜肴的制作要求非常高。就拿这碗酸汤挂面来说，汤一定要是鸡汤、高汤，熬制时间不能低于5个小时；西红柿必须经过充分发酵才能使用，面粉也是品质最好的雪花面粉；上桌的时候，保证酸汤挂面的温度在57℃左右，以传达绝佳的口感……甚至，就连鸡蛋都要求必须选"圆的"。最后这个要求难免让人哭笑不得，但是也可以看出，他们的品控要求有多高。

所以，事件营销是打破现有市场格局的导火索，但是真正想让产品火爆，而不是昙花一现，还是要保证产品品质。而且这种品质不能是一时的，必须要全面、持久地坚持以品质为王，这样才能真正做到长期畅销。

爆品战略：不好吃不要钱

前面已经谈到过，西贝莜面一直坚持"好吃"战略。西贝莜面对菜品是否"好吃"有严格要求，所以也非常自信，店内甚至曾有一条规则，只要顾客对菜肴不满意，就可以免单。可以说，"不好吃不要钱"这个说法完美地总结了西贝莜面的态度。这种态度对大众来说是冲击力很大的，能够立刻让顾客感受到商家想要做"好吃"产品的决心，从而对西贝莜面的产品产生期待。

但是要满足顾客的期待，可不只是说说就能做到的，西贝莜面是怎么做到的呢？

首先，将"好吃"二字升级成企业的战略目标，不仅要说，还要围绕它来发展。"好吃"战略理解起来容易，做起来却很难，毕竟这是一个太过主观的标准，即便是一家人之间，也会在菜品口味上产生差异。那什么才是

"好吃"的标准呢？如果不能让顾客产生期待后得到满足，就很容易让他们失望、影响口碑。

但是一旦能做好，这个战略也能给西贝莜面带来大量的机会。以产品"好吃"为卖点，能让买家产生眼前一亮的感觉，并有"想要尝一尝"的冲动。所以这个定位，是符合买家需求的。同时，因为西贝莜面主营的是西北菜系，这样的菜肴在现在市场上相对稀缺，属于人们不太了解的口味，自然也就无从比较，所以顾客的期待弹性较大，相对于其他菜系而言，更不容易令他们失望。

因此，"好吃"这个目标对西贝莜面来说比其他餐饮企业更容易达到，也能引爆市场，是个风险与机遇并存的定位。

其次，推出"好吃"的爆款。西贝莜面走的就是爆款战略，讲究"以一带多"，既然要让产品好吃，那就一定要主推一个"最好吃"的，而他们选择的就是莜面。莜面的成功推出，是让西贝莜面村在市场上赢得了站稳脚跟的基础，这个产品极具西北特色，也就是说和品牌定位相符，所以能极大地带动品牌和其他产品的销售。

然后，"好吃"也需要宣传。这种宣传不仅靠说，而是靠打造受众认知来体现的。选择借助《舌尖上的中国》的热度，是一种宣传，能够赢得买家的关注度；选择菜品制作流程全部明档，也是一种宣传，能够让买家更信任这个品牌；选择参与联合国的活动也是一种宣传，能够让西贝莜面的品牌影响力上升，在更大的平台上宣传他们的菜品和理念。

你会发现，西贝莜面的经营模式，始终围绕着"好吃"进行，这就是他们选择的爆品战略。